2018 全国调味品行业蓝皮书

斯波　著

中国纺织出版社
全国百佳图书出版单位
国家一级出版社

内 容 提 要

《2018全国调味品行业蓝皮书》分为调味品行业现状、餐饮促变调味、调味智能化、新零售调味、消费改变调味五章，根据调味品人接触到的前沿信息，从不同角度精准实现调味品产业的趋势发布，阐述调味品行业在发展过程中遇到的机遇与挑战，对未来调味品行业的发展具有前瞻性的指导意义。

本书对调味品企业从业人员有很好的启发和参考价值。

图书在版编目(CIP)数据

2018全国调味品行业蓝皮书/斯波著. —北京：中国纺织出版社，2018.3

ISBN 978-7-5180-4791-8

Ⅰ.①2… Ⅱ.①斯… Ⅲ.①调味品—食品工业—研究报告—中国—2018 Ⅳ.①F426.82

中国版本图书馆CIP数据核字(2018)第044250号

责任编辑：国帅 闫婷 责任设计：品欣排版 责任印制：王艳丽

中国纺织出版社出版发行
地址：北京市朝阳区百子湾东里A407号楼 邮政编码：100124
销售电话：010—67004422 传真：010—87155801
http://www.c-textilep.com
E-mail:faxing@c-textilep.com
中国纺织出版社天猫旗舰店
官方微博 http://weibo.com/2119887771
北京通天印刷有限责任公司印刷 各地新华书店经销
2018年3月第1版第1次印刷
开本：889×1194 1/16 印张：4.25 插页：4
字数：74千字 定价：100.00元
京朝工商广字第8172号

著作组成员名单

斯　波　杨姣平　施建平　赵　辉　张　敏　孙著书　胡　静　赵根修　孙　勇　刘元福

吴庆元　于海涛　刘　飞　黄德高　王一平　唐春红　陈爱民　韩锦友　唐　杰　杨四春

陈光友　郑　睿　李　磊　张　彦　朱俊松　陈　超　王德斌　崔　健　王瑞芝　江新业

刘钟栋　马世玲　冯　远　姜晓东　顾志国　吕翠平　张建平　马福平　刘　晏　余春明

李建华　卢治乾　杨　玲　刘　勇　刘元涛　娄　忠　胡四新　张国相　何爱娥　杨　俊

俞春山　李　平　庞学伟　牛学敏　王志朋　符春彦　冯建明　徐　浩　郭文军　徐　科

李　耀　贺亚恒　李文辉　王　靖　杨　彬　廖运兵　陈山信　朱　勇　路雨亮　潘　龔

钟树文　白德华　张　涛　葛海林　杨　华　陈　辉　邹　勇　廖国洪

题字

全国调味品行业蓝皮书:服务行业　实现双赢

四川省川联川菜调料商会会长、四川友联味业食品有限公司董事长　刘元福　2016.3.23

调味品蓝皮书引领行业新思路新出路

著名调味品营销专家　陈小龙　2016.3.23

全国调味品行业蓝皮书:引领行业发展,务实,落地,助推调味品转型升级,功在当代,利在千秋!

北京仙豪食品科技有限公司董事长、餐饮业国家一级评委、
高级工程师、高级烹饪师　张彦　2016.3.23

全国调味品蓝皮书　推动调味品行业发展

重庆火锅协会会长、重庆德庄实业(集团)有限公司董事长　李德建　2016.3.23

蓝皮书是中国调味品行业的福音!

全国糖酒会办公室主任　古平　2016.3.23

《全国调味品行业蓝皮书》成为中国调味品产业发展的风向标

四川高福记食品有限公司董事长　高银江

蓝皮书“引领调味品人”!

成都乐客食品技术开发有限公司装备事业部总经理　陈山信　2016.3.23

调味品新思路

大兴安岭信旗生物科技有限公司技术总监　孔治辉　2016.3.23

调味品蓝皮书创新思维大突破

河北青荷味业有限公司董事长　李向前　2016.3.23

调味人生　大展鸿图

内蒙古红太阳食品有限公司　卢元俊　2016.3.23

调味品蓝皮书引领新思路

江西省调味品协会

新食品　新思路

广州市绿鼎食品科技有限公司工程师　陈庆东　2016.3.22

产品差异化创新开发

北京中物源丰贸易有限公司销售总监　赵玮　2016.3.22

希望蓝皮书能惠及全国百姓

新疆笑厨食品有限公司副总经理　谢彦军　2016.3.23

《全国调味品行业蓝皮书》引领调味行业驰向蓝海!

四川省川联川菜调料商会秘书长、《中国川调》杂志主编　刘君贵

开创调味品发展新纪元

沃顿国际营销机构(香港)有限公司、成都市沃顿纵横企业管理咨询有限公司董事长、应用经济学博士后　祝启明

调味品行业蓝皮书引领行业发展新趋势　海科为调味品行业的未来而来

成都海科机械设备制造有限公司董事长　郑友林

调味品蓝皮书引领行业发展　湖北武汉市大唐香米业有限公司为调味品加油而来

唐杰　2016.3.23

祝《全国调味品行业蓝皮书》越办越好！服务好调味品行业！

新疆笑厨食品有限公司　王勇辉　2016.3.24

乐于奉献　光彩人生!

唐河县华晟辣业食品有限公司总经理、唐河县新农辣椒专业合作社理事长辣椒产业功勋前辈　贯群成　2016.3.25

蓝皮书内容很丰富,综合性很强,是一本调味品企业指导用书,让大家很清晰地了解调味品的市场方向,很好,支持!

望都县汇达食品有限公司总经理　马高兴　2016.3.25

读全国调味品行业蓝皮书有感:舌尖上的领头羊,中国调味品蓝皮书第一人

江西倍得力生物工程有限公司总工程师　汪后宏

历经风霜，阅历无数，肺腑之言，言之有感，不胜感动

陈建宏

你说的我知、我懂、我赞！路遥知马力，日久见人心！

唐飞

我们永远跟随您、爱戴您，在蓝皮书的激励下，我们一定做好最健康的食品，奉献于社会。

李素梅

非常期待，学术如此严谨，对社会的无私奉献和大爱，同时祝贺取得的累累硕果。

周星明

调味品蓝皮书虽然不是调味品的百科全书，但是调味品人集体智慧的汇集河流。

杨波

全国调味品行业蓝皮书引领行业发展，推动调味品精细化健康前行，带动重庆小面专用调味品进入千家万户，助推调味品产业转型升级，功在当代，利在千秋，创新思维大突破，带动调味走向全球市场。

重庆小面专家委员会主任、重庆小面大师　钟树文　2017.3.22

湖北大唐演绎米粉
为：全国调味品行业蓝皮书而来
祝：全国调味品行业蓝皮书　走向全球　造福人类

唐杰　2017.3.22

感谢蓝皮书给行业带来的真实记录，愿我们共同快乐成长

江苏千米网络科技股份有限公司 CEO　石正川　2017.3.22

蓝皮书对中国调味品行业有极大的推动作用

北京圣伦食品有限公司总经理、高级工程师　江新业

蓝皮书促进行业健康发展

云南卓一食品有限公司营销总监　谢长青

蓝皮书必将造福调味品行业发展

张启志

蓝皮书促进调味品发展壮大

著名重庆火锅调味大师　刘勇

蓝皮书引领全国调味品行业走向高端品质

山东味正品康食品科技有限公司总经理　于海涛

寻找工匠调味之旅　大家结伴同行

坝上集团河北亚雄现代农业有限公司营销总监　常立舟

大国工匠　调味中国

四川大学食品与农产品加工研究院常务副院长、博士、副教授　赵志峰　2017.3.22

行业引领　众望所归

天津市泓和调味食品有限公司　王能生　2017.3.22

良知铸就食品　优秀引领优质

石涛　2017.3.22

祝调味品蓝皮书越办越好！

中国电子商务协会食品医药产业促进会常务副会长兼秘书长　苏添真

大国工匠　调味中国

川味中国产业集团董事长　张勤涛

创新才有持续发展的能力

青岛花帝食品配料有限公司、青岛大厨四宝餐料有限公司副总经理　吴海成　2017.3.22

大国工匠

四川省投资促进局副处长　龙晓琳　2017.3.22

调味品让蓝皮书走向世界

岳阳开口爽食品有限公司董事长　周志锋　2017.3.22

调味品行业蓝皮书是一个调味的好舞台

湖北工业大学轻工学部食品与制药工程学院教授、武汉市鑫宏食品酿造科研所所长、湖北省食品工业协会副秘书长、高级工程师　高冰愿蓝皮书越办越好！

何涛　2017.3.22

用工匠精神去做调味品　弘扬中国味道！

抚顺独凤轩骨神生物技术股份有限公司董事长　于连富　2017.3.22

共同为调味品行业添把火！

茗兴生物科技（深圳）有限公司、桂林茗兴生物科技有限公司总经理　冯绪忠　2017.3.22

工匠精神

中椒英潮辣业发展有限公司董事长、德州市辣椒协会会长　谭英潮　2017.3.22

用工匠精神　铸调味神韵！

四川省川联川菜调料商会秘书长、《中国川调》杂志主编　刘君贵

祝蓝皮书越办越好

重庆它红农业科技开发有限公司总经理　杨四春　2017.3.22

祝蓝皮书越办越好

重庆食艺天下餐饮管理有限公司、重庆皓与欣餐饮管理有限公司总经理黄德高　2017.3.22

趋势/变革/跨越

JD.COM 京东消费品事业部干货食品部机构负责人　路言春

大国工匠　传承永远

王睿

中国味道

《调味品商界》首席记者　姜华山

中国味　重庆味

重庆市小面协会会长　张寿江

中国好味道

江西省调味品协会秘书长　谭平

中国味　世界味

唐兴

神厨阿福祝全国蓝皮书走向世界

青岛神厨阿福餐饮配料有限公司总经理　葛海林　2017.3.23

愿蓝皮书越办越好

四川川大干燥科技工程有限责任公司　吴强

中国味

江苏味门食品有限公司　徐正文

调味品行业蓝皮书　引领调味品风向标

四川川大干燥科技工程有限责任公司　邱登平 2017.3.23

重庆味　世界风

重庆市小面协会执行会长　曹家亮

它红商城祝大国工匠走向世界

重庆它红农业科技开发有限公司　皮洪发

全国调味品行业蓝皮书　专注　专业　行业领先

四川成都仙厨味业有限公司　巫和建　2017.3.23

调味品蓝皮书引领新思路

河南斯美特食品有限公司　张学军　2017.3.23

全国调味品行业蓝皮书,助推调味品更上一层楼,让千家万户,美味直达

北京博邦食品配料有限公司　李会起

全国调味品行业蓝皮书对于做研发的技术人员来说就是指路明灯,希望增加调味品分类及技术分析内容

宁夏春发食品开发有限公司　吕少英

河南振宇腐竹与全国调味品行业蓝皮书共同成长

河南振宇食品有限公司、河南振宇产业有限公司　郑延刚

全国调味品行业蓝皮书引领行业新风向，实现共赢

四川利泰来清真复合调味料有限公司　肖东

成都富生味业祝蓝皮书成功发行

成都富生味业有限公司　石成均

必须拜读　引领方向

亚金联融资租赁有限公司　广东智吉科技有限公司总经理　刘毅　2017.3.24

让调味品蓝皮书走向世界！

著名调味专家　陈定昌　2017.3.23

荷仙与调味品蓝皮书同行

江苏荷仙食品集团有限公司董事长　张长法　2017.3.23

让蓝皮书走向世界！

西安嘉奥调味食品有限公司董事长　宋志　23017.3.23

让调味品蓝皮书走向世界，领导行业先锋，实现双赢

湖北襄阳万兴隆食品有限公司营销总监　刘雪峰　2017.3.23

让调味品行业蓝皮书成为调味行业的指南

黑龙江省调味品工业协会秘书长　张志明　2017.3.23 于成都春糖会

鲜之惠祝蓝皮书引领调味品行业发展

晋江鲜之惠食品有限公司总经理　李永钟

蓝皮书指导中国调味品行业

济宁玉园生物科技有限公司董事长　赵向东

调味品蓝皮书与你我共成长

原重庆吴铭火锅厨师　姚建兵

北京金晔生物工程有限公司祝蓝皮书顺利发行

卢春梅

调味品蓝皮书与利泰来共成长!

四川利泰来清真复合调味料有限公司董事长　刘杨

高温杀菌新工艺把食品安全做好,与蓝皮书共同发展,走向世界

山东诸城耀盛机械有限公司董事长、著名高温杀菌专家　孙著书

蓝皮书与古得香共同走向全世界

四川省绵阳古得香餐饮管理有限公司董事长、著名卤菜大师文俊山　2017.3.23

全国调味品行业蓝皮书,行业发展脉络和技术应用革新的指导之作

安琪酵母股份有限公司　樊明

祝蓝皮书带给世界巨大财富!

许盛

序

《2018 全国调味品行业蓝皮书》是调味品行业发展的灯塔，如今应好友斯波邀请，为蓝皮书作序，我倍感荣幸。五味调和是中国饮食文化中的精华，调和的目的就是为了满足人们对味的选择和需要，民以食为天，调味品作为中国饮食烹饪中的精髓部分至关重要，相应地，调味品产业的发展趋势也至关重要。

中国是一个饮食文化源远流长的国家，拥有巨大的调味品消费市场。党的十九大报告提出，供给侧结构性改革这一主线仍未改变，2017 年全国调味品生产量下降，销售量却大幅上升，这便充分体现了供给侧改革带来的效应。只有味道鲜美、价格适中、生产便捷的调味品才真正符合人民大众和市场的需要。因此，消费可以挖掘调味品市场隐藏的数亿产值。我认为全面深化落实供给侧结构性改革政策，推广"新零售"销售模式，为消费者提供真正质优价廉的调味品是调味品行业接下来发展的方向。

斯波研究的复合调味料就是一种极其符合市场需要的调味料，此调味料采用了现代高科技技术，将传统二香以及鲜味的精华融为一体，其味柔和、协调、回味悠长，适用于调味品产业及烹饪行业的各个领域。川菜在中国乃至全世界有着极高的受欢迎度，该复合调料在占据着较大市场份额的小吃——年销售数百亿的重庆小面及年产十亿的香辣菜等调味产品和烹饪行业的应用广泛，创生了更多产品，深得广大消费者的欢迎，重复消费率极高。调味料行业应多多研发与推广斯波研发的复合调味料这种产品，方能把握调味品行业动向，深入挖掘调味品行业下暗涌的产值。

中国调味品市场有着巨大的发展潜力，只有提供质优价廉的调味料产品、实现消费精准定位、充分引导消费市场发展，才能充分挖掘这种潜力。各个调味品企业充分供应斯波所研究的复合调味料这类质优价廉、深受市场欢迎的产品，不但可以提升企业的经济效益，对深化落实供给侧改革，乃至弘扬中国传统饮食文化都有着深远的意义。为大众提供快乐、为企业创造效益、为社会助力发展是我们每个调味品行业从业人员心中的目标。祝愿中国的调味品产业蓬勃发展，越来越好！

顾甘泉

2018.2.25 于北京

前　言

《2018全国调味品行业蓝皮书》分为调味品行业现状、餐饮促变调味、调味智能化、新零售调味、消费改变调味五章，从不同角度精准分析了调味品产业的发展趋势，是调味品行业的指路灯，是这个行业内少有的原著原创，是凝集了四百万人智慧的结晶。2017年全国调味品生产量下降、销售量却大幅上升，充分体现了供给侧改革的效果，也为调味品企业的高品质发展指明了方向。无人化、智能化、高效新技术、新资源的出现和发展不断促进和实现调味品的价值最大化，让越来越多的人们吃到美味的调味品，这就是未来调味品的发展趋势。过去的调味品是人云亦云，2018年将是消费改变调味的一年，由消费而诞生调味品，调味品产生数亿产值将越来越容易，调味品的商机在于实现人们吃好的美好向往和需求，调味品企业需要改变落后的思维和生产方式，只有这样才能适应调味品产业的发展。

调味品的消费不再是竞争，关键是因为消费的机会才能创新调味品，越来越多的个性化调味品获得生存机会，大多数没有重复消费的调味品生存将越来越困难，消费将变得更加现实，未来的调味趋势多元化，机会会更多，消费的需求面更广，价格和价值也会更大。多大的调味品品牌面临的困难都是一样，解决好消费才能发展，没有消费就没有机会，多元化的细节不再是优势，消费的重复才是机会。消费才是调味品的根本，执行消费才能实现销量倍增，重复消费才是品牌发展致胜的关键。新零售促使消费的精准定位，调味品实现消费更加亲民，消费参与热情更高，消费的价值也不断演变共享，消费商的分配模式更加符合社会的发展，调味品销售不再困难。

感谢《全国调味品行业蓝皮书》著作组的支持和帮助！感谢全国糖酒交易会办公室！感谢所有支持和帮助《全国调味品行业蓝皮书》出版的诸位同仁！因为有你们的支持，让大家分享的调味价值越来越大，让调味的体验越来越周到，让调味的价值越来越新颖。

衷心感谢中国微生物学会酿造分会原秘书长顾甘泉先生的支持和帮助，感谢中国食品添加剂和配料协会、全国辣椒产业大会、中国电子商务协会、食品医药产业促进会、江西省调味品协会、重庆市食品安全促进会、河北省调味品协会、黑龙江省调味品工业协会、四川省川联川菜调料商会、吉林省农特产品协会、重庆市调味品协会、上海市食品协会调味品专业委员会、吉林省调味品行业协会、江苏省餐饮行业协会、重庆市火锅协会、《中国调味品》、《食品工业科技》、《中国食品产业网》、《中国食品报》、《中国食品商务网》、《中国微视角》、《农产品加工》、《食品科学技术学报》、《中国食品报网》、《中国医药报》、《成都商报》等团体和媒体的支持和帮助！

斯波

2018年2月14日于成都

目　录

第一章　调味品行业现状 ······ 1
一、调味全球化 ······ 1
1. 调味品消费适应全球化发展 ······ 1
2. 调味品走向全球 ······ 1
3. 调味品未来的全球格局 ······ 1
4. 利用全球力量整合调味 ······ 1
5. 中国调味品在国际调味品企业中有较高的渗透性 ······ 1
6. 提高产品质量是发展全球化的基础 ······ 1
7. 辣味全球化 ······ 2
二、传统调味革命 ······ 2
1. 老品牌创新 ······ 2
2. 调味品信息互联加速 ······ 3
3. 采用现代化手段迎合新消费 ······ 3
4. 转变研发思维，发展民族味道 ······ 3
三、健康调味化 ······ 3
四、调味新需求 ······ 3
1. 调味新体验 ······ 3
2. 调味品新启示 ······ 4
3. 调味内在新需求 ······ 4
4. 物连改变调味生态 ······ 4
五、2017 年调味品发展动态 ······ 4
1. 低端调味品无未来 ······ 4
2. 高价是风向 ······ 4
3. 竞争优势不再 ······ 5
4. 圈子调味品思维无存 ······ 5
5. 调味拉动效应 ······ 5
6. 区域优势调味源长 ······ 5
7. 侧改革见效，高品质调味创生 ······ 5
8. 过去畅销的大品牌没有往日的机会 ······ 6
9. 调味品的出路 ······ 6
六、调味趋势变化 ······ 6
1. 调味品行业发展趋势 ······ 6
2. 调味品企业发展趋势 ······ 7

3. 2018 年调味品发展趋势 …… 9
4. 调味品销售趋势 …… 9
5. 调味产品发展趋势 …… 9
七、调味品类别变化 …… 10
1. 油状调味品 …… 10
2. 复合调味品 …… 10
3. 发酵类调味品 …… 11
4. 火锅调味品 …… 13
5. 香辛料调味品 …… 13
6. 基础调味品 …… 16
第二章　餐饮促变调味 …… 17
一、调味之本 …… 17
1. 基础调味的根 …… 17
2. 调味是调味品核心要素 …… 17
3. 调味品安全始终是根本 …… 17
4. 新调味诞生 …… 17
5. 调味本身就是广告 …… 17
6. 不断走高的调味品 …… 17
二、调味的作用 …… 18
1. 调味改变生活 …… 18
2. 调味改变整个产业链 …… 18
3. 调味品带动无数产业 …… 18
4. 调味品的潜力巨大 …… 18
5. 回归厨房风味 …… 18
三、调味特性 …… 19
1. 时代性 …… 19
2. 新资源特性 …… 19
3. 功能性 …… 19
4. 方便性 …… 19
5. 透明性 …… 20
6. 增长性 …… 20
7. 新功能性 …… 20
8. 价值性 …… 20
四、调味服务餐饮 …… 20
1. 调味助推餐饮业 …… 20
2. 餐饮带动调味体验 …… 21
3. 标准化调味品提速餐饮发展 …… 21

4. 调味促使餐饮的变化 …… 21
5. 调味工业化助推餐饮快速发展 …… 22
6. 餐饮高速增长，调味品空间巨大 …… 22
五、餐饮调味商机 …… 22
1. 调味服务强势 …… 22
2. 电商促使调味革命 …… 22
3. 调味需求面大，调味体验消费 …… 22
4. 个性化调味需求 …… 23
5. 餐饮调味供应增加，菜品结合调味 …… 23
6. 与“食”俱进，互联网技术谋划调味消费 …… 23
六、餐饮标准化快捷菜调味 …… 23
1. 标准化骨类调味料兴起 …… 23
2. 净菜推动调味 …… 23
3. 方便快捷菜促调味标准化 …… 24
七、餐饮使用调味的影响 …… 24
1. 高品质体验增加机会 …… 24
2. 调味品的稳定增长 …… 24
3. 全复合调味品赋予食材记忆性 …… 24
4. 连锁反应，精准定位 …… 24
第三章 调味智能化 …… 26
一、智能化概述 …… 26
1. 智能生产 …… 26
2. 高效、创新、智慧 …… 26
二、调味品智能 …… 27
1. 运输智能化 …… 27
2. 智能化包装互联融合 …… 27
3. 数字化调味 …… 27
三、智能改变调味品行业 …… 27
1. 机器换人时代 …… 27
2. 调味品无人时代 …… 28
四、调味品共享 …… 28
1. 原料共享 …… 28
2. 食材共享 …… 28
3. 运输方式共享 …… 28
4. 烹饪方式共享 …… 28
5. 新零售共享 …… 28
6. 共享因素越来越多 …… 28

7. 共享赋能精准化 …… 29
8. 共享共生 …… 29
9. 共享贸易互联互通 …… 29
五、调味品创新 …… 29
1. 调味创新 …… 29
2. 加强产品研发创新 …… 29
3. 物联调味品新趋势 …… 29
第四章 新零售调味 …… 31
一、调味品销售变化 …… 31
1. 经销商的变化 …… 31
2. 中间销售服务转型 …… 31
3. 调味服务才是关键 …… 31
4. 价格战没有未来，涨价趋势明显 …… 31
5. 调味品倒闭潮 …… 32
6. 诚信赢天下 …… 32
7. 定制化调味品增加 …… 32
8. 中小调味品企业规范 …… 32
二、调味品销售技巧 …… 33
1. 正能量销售调味品 …… 33
2. 制定销售终端 …… 33
3. 与消费者共享价值 …… 33
三、调味品销售误区 …… 33
四、新零售调味品 …… 34
1. 新零售兴起 …… 34
2. 新零售 IP …… 34
3. 新零售趋势 …… 34
4. 传统零售与新零售 …… 35
5. 新零售主流渠道 …… 35
五、调味品升级态势 …… 35
1. 全国调味品现状 …… 35
2. 调味品企业生存状况 …… 36
3. 调味品消费升级 …… 37
4. 调味品价格升级 …… 37
5. 调味品品质升级 …… 37
6. 调味品功能化升级 …… 37
7. 调味品安全健康化升级 …… 37
8. 议价能力升级 …… 37

9. 隐形推广升级 …… 37
10. 需求升级 …… 37
六、2018 年调味品的机会 …… 38
1. 降低成本 …… 38
2. 开发新客户 …… 38
3. 竞争对手隐形化 …… 38
4. 环保刚需 …… 38
第五章 消费改变调味 …… 39
一、消费升级的驱动力 …… 39
1. 消费升级是社会共识 …… 39
2. 消费形成调味，诞生调味品 …… 39
3. 消费需求新升级，倒逼调味品生产 …… 39
4. 渗透消费提高调味品质 …… 40
5. 聚焦消费发力体验 …… 40
6. 围绕消费来做调味品 …… 40
7. 动销转化，消费增级与互动 …… 40
8. 蓝色经济 …… 41
9. 大发展大变革 …… 41
二、调味消费的商机 …… 41
1. 调味消费的特点 …… 41
2. 调味品消费需求状态 …… 41
3. 高端化细消费 …… 41
4. 消费结构变化升级调味需求 …… 42
5. 调味品销售的核心是消费者 …… 42
三、调味消费链 …… 42
1. 消费链的形成 …… 42
2. 生产消费链一体化 …… 42
3. 顺势消费新需求打造新消费链 …… 42
四、消费如何改变调味 …… 43
1. 消费的理念 …… 43
2. 消费的诉求与感受 …… 43
3. 消费的方式与意向 …… 43
4. 调味消费新时代 …… 43
5. 调味品消费商 …… 44
6. 传统调味消费不复存在 …… 44
7. 调味品消费新亮点 …… 44
五、中国调味如何做到名正言顺 …… 45

1. 不信不立，不诚不行 …… 45
2. 自主创新，减少山寨调味品 …… 45
3. 弘扬调味传统文化，做有良知的中国人 …… 45
4. 理性化投机 …… 46

第一章　调味品行业现状

一、调味全球化

1. 调味品消费适应全球化发展

面对全球化的消费趋势，中国调味品是消费的核心要素，如何做好调味品消费至关重要，尤其是按照消费的需求来制造调味品。调味市场的不断外延，让中国调味品嗅到了新的商机。大胆融入全球化需求，让传统的调味品不断满足更多消费者的需要，是调味品消费升级的必然。

2. 调味品走向全球

中国调味品只有大胆走出去，才能立足于国际市场，更加有效融入消费升级。据调查，80% 国际化的调味品的消费都稳定增长，而走不出去的调味品逐渐被淘汰，尤其是传统的调味品，没有跟紧全球化需求的步伐，很难立足于未来。调味品走出去不是单纯的在国外开店和销售，而是通过中国味道的渗透，使调味品在当地消费的体验中得到重复进行，只有这样的体验才能源源不断地将调味品和消费结合起来，让当地消费群得到超过预期的享受，也促进了调味品消费的不断升级。

3. 调味品未来的全球格局

著作组预测，我国未来 10 年调味品将会达到年销售 10000 亿元的消费体量，其中，国外调味品消费将占 50%。全球调味品的需求空间还很大，消费的潜力还在不断释放，未来的消费不断增长的主要因素就是全球化。中国调味品是祖先留下的遗产，是我们中国味道的美好向往，是中国走向世界中心的一张名片，这是历史赋予我们的责任，中国味道全球化是必然的。

4. 利用全球力量整合调味

中国调味品传统的价格优势不再存在，调味品不断增长的需求在于消费，如何根据消费需求来做调味才是调味品的真正价值绽放的关键。全球化的消费趋势将打破地区的差别，利用消费的某一嗜好即可创造出调味品的重复消费。积累更多的消费基础，即可做出更多的调味品，也就可以实现更多的调味新需求。西式调味品也不断创新，呈现出有品类没有品牌的消费菜肴和吃法，让我国调味品不断迎来新的发展空间，同时实现消费渠道多元化的渗透增长。中国调味品在国外发展快速，据著作组不完全统计，美国的中餐厅 3.38 万家，中餐风靡全球，中餐在国外不断发展的同时，美国建立中餐调味品的趋势已经形成。

5. 中国调味品在国际调味品企业中有较高的渗透性

国际上的知名调味品企业在中国都有发展，世界顶级的餐饮企业也必须融合中国调味品，不然也不会成为消费者重复消费的原因。日本、美国、欧洲相对于中国来说是小市场，印度、东南亚、非洲更是不成为市场的基础，做好当前的重复消费，才有机会获得全球市场的机遇。

6. 提高产品质量是发展全球化的基础

满足人们对美好味道的向往，根据消费需求的大数据来提高调味品的质量，传统调味品需求的趋势在减弱，高盐、高糖、高防腐剂、高添加、低价格的调味品消费在下降，围绕消费者需要并结合调味的最佳效用才是调味品开发的关键，打造调味品的标杆至关重要。提高调味品的消费质量，满足消费的真实需求，淘汰经不起考验的调味品，增强调味品的国际竞争力，整体改善调味品全生态链的效益，提高调味品原料及其食材加工的智能化、自动化、规范化水平，实现调味品营养价值标识、实际可追溯化、功能化，调味品品种和定制根据消费需求得到实现，柔性化得到实现，高端化、绿色化、透明化的消费调味环境得到实现，生产调味品智能化、传统调味品使用新技术的水平以及调味品共享消费的水平得到提高，并且激发调味消费体验的活力，是实现调味品全球化的基础。

7. 辣味全球化

辣味是比较有杀伤力的国际味道，消费和出口只增不减，值得国内调味品企业重视，这将成为中国调味品全球化的必然趋势之一。一带一路也助推辣味中国特色，跨世界多地共享，消费记忆流长。著作组认定：辣味调味一路看涨，无处都有辣味调味品，辣味调味品占所有调味品的30.88%，可见辣味是一种流行的味道，全球吃辣人群达到25.24亿人，辣椒全球交易额已经超过2873亿元。一个小辣椒是舶来品，经过中国调味品的发展成为世界第一，我们的调味品是满足消费需要的引导者也是世界调味的领导者，根据消费的创新将会影响世界。

李氏辣度的出现，满足吃辣人数的人群的需要，科学指导吃辣的未来趋势，尤其是2017年食品辣的主要特征流行，辣度的定位将让人们科学吃辣、合理吃辣、健康吃辣，辣出全球的美食文化。李氏辣度将是辣味食品的指路灯，也是辣味食品未来发展的定时针，将改变人类吃辣味食品的未来，这对于食品产业发展将具有非常重要的意义。

①辣味的规范，引导给人们世界级的新享受和体验。

②辣味的趋势，使辣味文化得到共享。

③李氏辣度是食品发展的核心动力，为人们吃好立下指路明灯，树立辣味标杆智能智造。

④辣味趋势变化，实现美味的分享，打造辣味的科学价值和意义，为人类辣文化添砖加瓦。

⑤李氏辣度应用领域广，涉及食品加工业、餐饮业以及食品配套的新兴服务行业，助推高度标准化。

辣味全球化是必然趋势，全世界辣椒酱生产852万吨，中国的生产占63.6%，辣味全球化是必然趋势和方向。

二、传统调味革命

1. 老品牌创新

面对市场增长的乏力，销售的压力，市场的潜能无法发挥，唯有利用现有资源整合，不断兼并难以生存的中小企业，实现消费的组合需求，推进新的销售亮点，实现更加充分的利润点。因为现实需求的变化，部分整合的效率不能体现出来，一些企业的融入不能发挥作用，难产的现象也会不断出现。股东的需求得不到满足，很多新的危机也会不断出现，需要结合消费和调味创新才能度过上市调味品企业的难关。打造调味小镇，将调味产业集聚，整合调味产业，实现调味的多元化结合，提高调味品附加值，塑造调味品品牌形象，带动新的调味商业链价值，量化和标准化是当下面临的问题，打造非遗商业价值，避免老字号的尴尬，结合优势资源，支持龙头带动，结合餐饮场景化消费，调味品产业才有未来。

2. **调味品信息互联加速**

互联网不是销售调味品，而是给调味品的发展搭建了一个新的场景化体验，这是消费升级的必然趋势，也是人们对美好生活向往的体现之一。同时，我们应认清互联网平台的作用，而不是做互联网就可以不讲究调味品品质了，调味品始终是根本，没有体验也可以销售好调味品，体验是促使调味品消费更加真实化，过去的广告不再发挥效用就是这个原因，网络的体验化超过一些传统的广告。

3. **采用现代化手段迎合新消费**

传统调味品要采用现代化的手段来制造，而不是抱旧成规我行我素，没有颠覆传统的升级也就没法适应消费的需求。如果企业不懂得采用新的手段颠覆传统作业，将会被新科技手段打败。支持生产一线工人参与自创，销售业绩不断递增，销售的产值不断变化，企业的活力不断释放。树立调味品制造的危机感，时刻建立危机意识，建立正确的消费观，而不是生产者就比消费者强的逻辑思维。只有理解消费的需求变化，清楚如何通过调味品来满足日益增长的需求、如何将调味品和消费产生关系，调味品才会不断满足多元化需求。

4. **转变研发思维，发展民族味道**

过去是人海战术搞调味品研发，如今是利用最先进的资源来做研发，一个人的效率可以超过近百人，关键是找到调味共享的突破口，尤其是重视受益的亮点和热点的开发，只有一流的调味技术才能促使调味品走得更远。这些都是建立在消费认可的成熟的技术基础之上，无形的优势瞬间即可转变成为调味的产值，甚至是一道菜即可改变一个品牌的调味趋势。具有民族特征的调味将成为世界级调味品，发展民族味道，避免不良的仿制、不健康、同质化行为，满足世界上更多消费者的需求。

三、健康调味化

过去是买卖调味品，现在转变成为服务消费，服务消费的过程最为重要的就是满足消费者可口健康的调味品的需求，消费认可是首选。如今，消费者关注的是健康，没有健康保障的调味品就没有需求。低脂、低糖、低钠的调味方式是大势所趋。高盐高糖的时代一去不返，健康的需求与日俱增。

植物基是未来具有强烈竞争力的调味品，将大大优于肉类，吸引越来越多的消费群体，在清真系列调味品方面的开发，一带一路实现多个地区和国家共享的调味品。国际调味巨头也非常看好这个趋势，纷纷投入巨资开发，成功将来自于深度研发和技术执行到位，满足更多的消费需要。绿色植物蛋白调味的必然趋势会不断流行，得到越来越多的消费认可。

四、调味新需求

1. **调味新体验**

传统的调味方式发生改变，调味品的消费也完全不同于传统消费，从过去的增加销量的竞争转变成为个性化需求的质量的竞争，新需求不断分配产生新的调味消费群体，不断实现成本最低、效率最佳、体验极致的微调味消费圈，不再是数量而是需要质量，不再是卖点而是需要的买点，不再是调味的基本而是超级体验。

2. 调味品新启示

调味能够实现关键在于计划和执行，满足消费认可的执行才是价值的体现，调味品的长久发展在于保持持续增长的消费能力，以人为基础整合未来一系列的时代发展策略。独特的消费场景体验，引领消费群，实现具有文化差异性的调味，快、准、狠抢占资源，才能实现新消费的重复。

3. 调味内在新需求

调味品不断变化，新的需求正在不断叠加，新的组成在不断形成。明星调味品靠明星的效应，将调味的体验感性化，将调味的价值具体化，实现调味重复化，从而诞生一系列价值。调味的互动性让调味品不断产生新的价值，促使产品消费升级，不断涌现出新的内在需求，不断满足越来越多的新趋势。调味的外延越多，消费的体验就越丰富，调味品的价值就越容易体现出来，调味品本身的价值是有限的，而因为调味产生的价值是无法预估的。

调味品品牌的发展都要经历自身的升级换代，不然迟早会被淘汰。消费出来的调味品才是调味品本身，当下是一个消费为主的时代，更多关注调味品的消费才是调味品的发展源泉。

4. 物连改变调味生态

通过调味品链接消费，提高调味的效率，延伸并激发新的调味价值，让调味品与食物之间的联系加强，应用调味品的价值加强，才能不断降低因为中间环节产生的浪费，达到高效的调味享受。不限数量的快速创新需求、快速服务升级、快速交货周期、快速补货能力、快速增加调味品种和分类等，无限放大调味价值。改变调味品的销售模式，做好调味服务升级消费价值链。尤其在市场消费不确定的情况下，物连改变了市场消费调味商机的快速淘汰机制，也是商业信息透明化的最大利器。调味品也将实现人、财、物、信息、时间、空间等资源整合的利润最大化。

五、2017 年调味品发展动态

1. 低端调味品无未来

因为消费时代不同，低价格、低质量、低品质不再有消费。没有消费，再低的价格也无法支付生产、销售，更没有机会去实现新的需求。没有重复消费，没有重复购买，调味品的生产成本在不断上升，一旦涨价，基本上就等于没有了市场，涨价也是无效，不涨价就没有利润。有数量没有质量保证的调味品，生产成本依然高，销售依然没有回头客，消费依然没有亮点，更没有持续生产。

2. 高价是风向

市场需求不允许低价出现，创造新的需求才能产生价值，践行调味品的价值很难，可以说是无法复制，模仿也是无法超越，促使调味价值的最大化无限形成，这也是调味品调味价值的魅力所在，也是中国味道渊源流传的精髓。践行调味价值才是调味高端化、高品质化、高享受化的未来调味热点。作为调味品生产企业，应该随时做好面对调味品销售困难的准备，才能在调味品更新换代之时将有更多的办法来实现调味价值的增值，抓住生存机会，在最困难的时期，实现调味品的增值才是调味的意义，靠一个调味产品在极短时间做到年产值过亿很容易，但是如何实现持续发展才是调味品的出路。某些百年以上的国际企业，规模在不断增长的同时，不断调整利润的合理分配，在不同的时期均保持良性增长，这才是调味品长远发展的关键。

在当下提质降量的供能侧改革环境下，一定会在共享大数据平台的不断优化下，将调味品的价值做短交易环节，延伸交易价值，扩展消费链条。能源的浪费会得到有效控制，环保的成本将不断增加，调味品生产生态化、绿色化、回归化是必然。

3. 竞争优势不再

如今，越来越多的调味品不再拥有过去的竞争优势，而出现不断繁荣细化的消费趋势。吃好是当下最大的机会，而调味则是为吃好做的最有力的准备，全世界近20亿消费者希望吃到中国味道。消费的调味品品质不断提升，调味品的需求不断增长，生产量下降而产值增长，这为未来调味品发展指明新的方向，没有畅销品牌的存在，只会是多元化消费的调味世界，只有不断提高调味品独到的价值，同时，特色化、个性化、定制化的调味品具有非常大的潜力。

4. 圈子调味品思维无存

这是新兴的调味趋势，调味品的消费认准圈子，以圈子来推广调味品的消费，以明星为代表的圈子打造，以粉丝群效应来影响消费、带动消费，依靠明星参与来拉动销售带来回报，也是烧钱模式的一种消费，这是新物种的销售方式，是通过不断拉近粉丝互动的新销售。实际上大多数消费者是一种被骗的感觉，一个外行能把一个内行的调味品做好简直就是天方夜谭，没有真正带来消费的重复，未来这样的行为也会退出市场，也会淡出消费，原因在于消费的动态趋势，不是一个人一个时代所决定的。调味品是有一定规律的，不是受极少数人主宰的。圈子消费也有厌倦的时候，不是一成不变的，没有激发新的调味消费的引爆点也就不可能成为圈子升级消费的条件。调味消费的生态也在不断变化，每过五年，消费群体也会产生变化，这样就会导致明星的生态也跟着不断变化，明星的行为也将深深影响调味品的生死存亡，正如大师代言调味品，大师的水平和形象将深深影响调味品的未来。

5. 调味拉动效应

调味品不断渗透美食文化传播，调味文化的渗透将调味品连接到全世界各个地方，例如一个重庆小面改变世界的美食向往，带动一系列的调味品发展，重庆小面并不是一个地区的专利，即将成为世界共享的美食记忆，相应的调味品不但带动一座城市，同时还给人们带来享受级别的提高，诸如此类的现象将不断升级调味品的增长。调味品不是靠价格生存，不是靠竞争生存，大多数调味品靠的是调味，只有调味体验提升，才能够获得更多的消费，更多的消费实现才创造出调味品。特色调味的连锁也正在不断形成，在我国可以开发这样类似的特色调味品数千个，消费的潜力也不断增加，重庆小面的年产值已经达到500亿元，这远远大于调味品本身的拉动效应。

6. 区域优势调味源长

往往一些地区具有非常出名的调味品，是千年消费的传承，他们不会因受到巨大的竞争而被迅速淘汰，总是会被很多消费者挽救，开水白菜的专用调味料诞生就是一个典型的例子，不会因为某些大品牌就会使这个调味品消失，这说明特色是调味品重复消费的源泉。

7. 供给侧改革见效，高品质调味创生

调味品企业优化管理，供给侧改革效益明显，实现稳定的发展。消费的时代是人们大家都能接受的时代，整体低端调味品生产没有机会，而对于高品质的调味品处处是机会，一些酱类调味品在2017年销售一路看涨，完全淘汰了低价的操作游戏。调味品的质量正在不断提升，完全打破过去的生产模式。内需的整体结构发生变化，越来越多的消费素质的提高，消费的基数也在不断增加，不再是过去的销售模式，微商、电商更加精准服务消费，粉丝成为消费和销售的混合体，更加直接实现高品质调味品的重复消费。看透消费才能提高调味品品质，不了解调味品实际的需求是不可能成就高品质体验的。调味品的价值不亚于艺术品，在调味行业里面没有真正的竞争对手，唯有自己才是最大的竞争对手。调味品的成长需要有同行，在相互服务社会的同时，不断提升的调味服务价值，带来不同调味价值的体现。一个可以长远发展的调味品企业，一定有利他思维的领导者，而不是狭隘的利己。调味品的未来发展一定是品质，更多的是调味带来的分享和体验，仅此而已，不再是琳琅满目畅销时代，而是满足更多碎片化消费的新时代。

8. 过去畅销的大品牌没有往日的机会

消费改变了，销售、配送都不一样了，机会越来越多，大多数厂家无法把握，因为社会条件发生了改变，过去的规律也失效了。对自己的范围设限，没有发散地了解调味，抹杀了未来的潜在价值，过去畅销变成滞销。夜郎自大，没有消费的机会，调味更没有潜力。犹豫不决，不能根据消费来做调味品，调味品的价值就没法得到体现。习惯拖延，没有实现消费的需求，想得很好做得很糟，输给一个时代，缺乏勇气缺乏条件输给社会的需求。守株待兔，没有创新，拒绝学习，不能获得正常的调味消费。

9. 调味品的出路

调味品行业发展的困难是创新乏力、同质化泛滥。做好调味品应当打破传统的条框模式，发扬传承工匠精神，回归祖先的优良酿造精神，实现高品质回归的优胜劣汰，推陈出新满足新消费。新时代消费理念的改变，呼唤出多元化、高端层次的调味品，时代的更替需求自然形成，调味品行业没有理由不顺应消费需求而有所作为，逐步减少和摒弃中低档调味产品的生产，走高档、高效益的高端品质产品生产模式，天然原生态的酿造酱油、调味酱、调味汁等将会成为新消费的宠儿，顺应调味新趋向，是当今调味行业发展的必然趋势，个性化定制创新将成为新的调味方向。

六、调味趋势变化

1. 调味品行业发展趋势

（1）融合发展，整合持续

整体稳定增长，全产业链融合一体化，不再区分第一、第二产业，而是整体高度融合，全球化渗透和细化，增长空间巨大，监管更加科学完善，效率更加高。

小、弱、散的调味品面临出局，绿色生态加工兴起，食品安全隐患依然存在，粗放制造的优势不再存在，创新能力不足，一些只有销量没有利润的调味品面临整合。兼并收购依然不断升级。调味品同质淘汰潮来临，只有极少数能够生存。并购无处不在，风投随时可行，上市不一定就增长，这三方面让调味品似变非变，其实调味的本意并未变。

（2）线上线下磨合，特色释放活力

如何实现费用和效率的最优化，满足消费认可的线上线下一体化，这是调味品企业面临的一大难题，解决好这一难题将会为调味品迎来新的商机。世界级的销售平台和连锁企业、调味品大企业都在关注加密技术、区块链作为调味品安全的新技术，这个去中心化不可篡改的超级账本，一方面可以实现食品安全事故在几秒钟内即可找到源头，另一方面可以建立消费者和调味品之间的信任感，让消费者清楚调味品的原料来源。

地方特色调味品的活力不断释放，求同存异的发展趋势最为明显，不是要求任何一个调味品都可以全球性发展，即便全球性发展也要体现出应有的价值，全网络的实现也得根据消费来进行，一味追求全球化是不符合实际需求的。

(3)传统复合下降,千亿行业商机

因为消费的变化,调味品的变化也随之发生,尤其是鸡粉、鸡精、鸡汁的生产量和销售量均在大幅下降。七级千亿的调味品企业也会形成,因为调味的价值还未充分发挥,为调味价值打造留出足够的空间和时间。调味品行业的机会很大,空间有待于充分发挥。

(4)亮点凸显,普惠正能

小包装调味品倍受青睐,调味品市场变化加速,需求变化更迭较快,尝试消费的新品较多,但是新的调味品寿命更短,甚至才半年,调味品销售的支出上升但是收益不如意,开发的单品容易被淘汰,高效消费致胜。调味品 IP 化将实现调味消费的新方式,弱化过去的品牌影响,IP 是针对消费的动态形成的新需求,是未来很多调味品出现销售增长的关键亮点。

做好调味品,普惠全球人,是中国味道尊贵的必然亮点,亲民是最大的商机,依靠正能量推动企业和品牌的长久发展。"中国味为天下",标准化的调味品人人需要,一流的思维、一流的产业、一流的调味认知,可以实现一道菜、一座城、一个世界的调味。

(5)个性创利,破局突围

经销调味品出现新的变化,个性化需求是最大利润源,需要做到与自己竞争,消费信息透明,线上线下结合,提高服务质量,提高隐形利润。个性化需求越来越多,塑造对应的 IP 也在常理之中,调味品的信息更加透明,溯源也更加成熟,消费更加放心。

小的调味品厂没有货,大的调味品涨价,对经销商的冲击很大,大企业可以挺过,小企业就是没出路,原材料上涨促使兼并收购,弥补企业的困局,没有重复消费的调味品非常困难,只有依靠极少量的储备来维持,比较好的办法是和经销商、服务商一起寻找消费重复的有效途径,实现消费的最大利益。

(6)高品位驱动

品质需求不断增加,消费认可的高品位也正在不断形成。功能化、营养化、健康化、淡盐化调味品时代已经到来,消费的高价认可度高。不添加的口号让调味品热销,这是一个时代的符号,添加和不添加不能实现调味的价值体现,未来应该是科学添加致胜,不添加也将会衰落。

(7)精准数据调味品

精准调味复合化,改变餐饮和消费。一个小的调味品也可以壮大一片市场,企业都希望做大单品,单纯依靠消费者买单不一定能实现,新时代的大单品必须满足共享需求的特征。利用数据来实现消费的精准定位,实现传统调味品消费及时定制,消费的电商数据精确满足消费体验,越来越多的电商和巨头纷纷对调味品实施整合,更加充分寻找调味价值的释放模式。

2. 调味品企业发展趋势

(1)循环生态酿造

调味品企业循环经济发展的趋势,最大限度解决社会环保及其他方面的影响,得到长足的发展。调味品智能工厂效率不断提高,最新信息化、数字化、生物工程化工业技术和实际的融合,实现所有原料标准化,更加稳定的品质和可持续化发展,充分满足消费的需求,减少人为因素的影响,实现品质稳定和放心消费,实现在线监测和实时数据化管理监控,降低能耗、水耗和排污,做到生态生产。

(2)重复消费,动销调味

调味品企业生存和发展要专注擅长的产品、重点关注重复消费、加强服务三方面来得到机会。没有品质认可的消费,不可能获得长足的发展,只有站在消费者角度的调味品才是未来的中流砥柱,多少大品牌的模仿、价格竞争都不如拥有消费者的认可,调味品本身就是活广告,好的调味品不需要投资也可长盛不衰。

调味品的智能化将不断淘汰一些中小企业,因为资源得不到利用,成本将进一步增大,传统产品增值空间比较困难,没有足够的机会获得重复消费。数字化的程度是体现调味品自动化、标准化、智能化程度的最佳指标,提高效率、实时信息处理、产业链整合效率、规范化控制系统升级、环保生态智造水平、物联追溯透明化越来越让消费者如同家人一样消费同样的调味品,全球化竞争的风险减少,无缝链接消费调味一体化,绿色健康引领调味品新的方向和趋势。专业动销,实现调味品的精准消费,而不是自主生产,充分利用良好的生产条件服务消费,以质量树品牌,以消费定未来。

(3)延伸调味价值,精耕调味品

著作组认为,即便是最大的调味品企业,其主要销售额也仅是全国调味品销售的 5.6%,调味品的价值却远远不止于此,连带的价值将相当于达到全国调味品销售额 30%,也就是说调味的价值远远大于调味品本身。

调味品不在于种类的多少而在于调味品的精深加工,精准实现消费需求的对接,尤其是消费重复认可的调味品价值会更大。

(4)调味品企业发展出路

①提高复合程度。复合化的调味酱销量则大幅度上升,个性化的调味酱也一样上涨,低价位的传统调味品下降比较明显,高端个性化消费是必然趋势,老品牌面临创新无门,尤其是高盐发酵的调味品最为突出,期待新的消费思维和资本介入,新的消费才能促使新的调味品生存。

②科学引导。不添加、未添加、无添加仍然有较高的认可率,而长期发展并没有优势,消费者的意识增强,误导消费的行为正在产生不良影响,不能实现科学的宣传和消费相结合,就不能获得调味品长期发展的机会,一些调味品将会因为这些不科学的宣传在未来付出代价,乃至离开市场。

③依据需求调味。国际调味巨头根据消费的需要,精准设计菜品,实现菜品的标准化制作,解决标准化菜品出品的难题,同时引导无数调味品企业效仿。

④重视健康,因为健康才有更多选择,调味的健康消费才能更有底气;真材实料,人人需要,都希望吃得好;重享受高便捷,需求更加快速的调味;新技术天然功能化,需求差异化高端化;零食化休闲餐需要更加科学的调味;个性特色化,消费后有记忆,便于重复消费;互动体验需求智能化,让消费活灵活现;健康愉悦的生活方式的需求,调味和服务的线上线下结合以及自我独立的表达方式,实现新的调味趋势。消费者更加关注调味品是如何生产出来的,只有对调味品生产过程和原料选购等健康因素充分了解,才能让消费者放心采购。

⑤管理促效益。上市调味品企业面对市场的变化,部分产品涨价比较困难,需要收购、兼并和新项目投资,提高调味品的毛利率,优化重点调味品的结构,做到精而细,抓住平台和优势进行合作,实现重复消费良性化,强化管理来提升盈利能力。

3. 2018 年调味品发展趋势

①小众引导。小众化必然是第一趋势，越来越多成功的调味品就是因为小众引导，个性化带动。调味新品类不再是爆品，而是消费最为朴实的小单品，效果往往出乎人们的意料。地道名吃不断呈现，高品质的新型调味不断满足消费需求。

②数据优势。数据成为调味品的新优势，唯有数据才能让调味品更加科学高效，实现消费的记忆，数据化将实现人们需求的量化，带来源源不断的消费趋势。创新的需求和消费，这是调味品不断重复消费的关键，也是人们需求的必然选择。

③认知改变。认知改变调味品，支付方式的丰富大大改变了零售终端。调味相关的消费存在无处不见的智能化，处处都有无人化，调味消费身临其境的体验随处可见，数字化处理实时满足消费的需求，安全的信息传达和自动化的调味链衔接，改变调味和消费的整体商业价值链。

④好销规律。自己家人不能吃的调味品不可能有未来，只有自己吃、家人吃、人人吃才可能成为调味品好销售的原因。

⑤传播方式改变。电商、微商、二维码无人化、社群化新物种、渠道变化、平台、跨界等不断助推调味品的消费，二维码实现调味品的多场景化、多故事化、网络信息即时化，拉近了消费，助长了调味。

⑥自由消费。调味和消费形成的整个生态链是具有科学、合理、规范的自由选择，消费调味品不是强买强卖，而是需求的自然选择，这才是调味品重复消费的生态性。

⑦网购顺应趋势。互联共享调味的价值不断放大，向外延伸精耕消费的热点，高颜值的体验实现协作高效、跨界共赢，这是一个时代的变化和需求。

⑧分群分化供消。分级分类群销售的产值更加具体，新的消费都在关注这样的低成本传播方式，分级比较高的消费者还可以产生额外效益，这样的情况是过去所没有的。

4. 调味品销售趋势

①消费调味为主。以消费调味为主的个性化调味形成，改变过去以卖场、经销商、连锁便利店和餐饮店为中心的态势，调味的新趋势是研究人的消费，尤其是个性化、场景化、便捷化的线上线下融合为一体的消费重复才是调味品销售的新趋势。

②竞争变化，服务升级。渠道的线上和线下融合，精准定位消费者和消费行为，形成根据消费来服务调味的针对性新销售，线上和线下功能更加融合，没有交叉价值的竞争。线上更加追求体验极致的趋势，线下则是传统的低价格、品种丰富、交通便利等，渠道优势的边界模糊化，均在不同程度推进调味产业升级。消费调味品实现新的合伙人制度，社群化、团购模式实现更大的创造力和更有深度的消费新趋势。

③人人参与，互补互动。精准消费调味品，全员服务的消费趋势，人人都可以销售和消费调味品，数字化跟进实现生产和消费的高效沟通，生产的最有效依据就是根据消费来生产。调味互动化增强，广告宣传和公众号、二维码、朋友圈互动使得调味消费升级，分享产生实际的消费重复。调味品电子海报形成，不断实现消费者对调味的作用和体验过程分享，调味体验个性化、乐趣化、简便化、参与化、互动化、高效化。

5. 调味产品发展趋势

①强化复合。休闲食品餐饮化，在一些人看来是第四餐饮，实际上是调味复合标准化升级。

复合良好的调味品在于用好和好用,而不在于多少,复合化加剧,消费简化,科学添加、合理加工成为趋势,不科学不合理的市场将萎缩,功能化、个性化调味品将迎来新商机。

②增加口感。酱类调味品将不断产生独角兽,因为酱类的口感出奇,不再是分子级而是离子级口感的优越性,消费的认可度比较高,消费的概率大。

③天然健康。健康推动调味品的成长,满足消费需要的低糖、低脂、低盐调味需求,清香天然风味新趋势将给消费带来新的机会,微妙风味转变带给消费的趋势越来越明显,具有非常大的商业价值。

④流行甜辣。甜辣的趋势带来的鲜辣椒酱的流行,消费的热销在于辣味的变化升级,满足新鲜辣味的丰富变化是调味的精髓。

⑤经典研发。经典的传统技艺依然是调味的根本。味道是食物的灵魂,完美的调味不可或缺,体验化的调味可以创新调味的新享受,带来奇妙的美食美味。

⑥以辣代盐。不断实现新的调味结合,达到消费的健康需求,以辣代盐是一个调味思路,用科学的调味来实现低盐,健康还美味。

⑦包装趋势。保证调味品品质一致;便于携带,即便打开之后再带走也不影响品质;具有影响消费者的显眼的包装,可以保证消费的记忆;巧妙的色泽搭配创新;第一印象不断加分。著作组调查得出:2.5 千克以上包装在销量方面一直在上升,20 ~ 100 克包装呈隐形上升态势,其他包装均在不同程度下滑。

七、调味品类别变化

1. 油状调味品

调味油个性化、特色化趋势比较明显,对健康的关注持续升温,尤其是稀有的植物油价值有待发挥。大企业投资调味油,使得食用油高端化、个性化,调味油出现回升增长走势,进一步上升的可能性仍然存在。调味油同质化,乱象丛生比较严重,在消费领域应该严管,避免利益驱动,只有生产新技术突破才能遏制同质化,满足高品质需求。

2. 复合调味品

复合调味的升级在不断进行,复合程度不能满足消费,增长受限,复合程度越高,使用越广泛。复合的卤料、汤料增长最为明显。

(1)鸡味调味品

①鸡精。鸡精的使用量不断下降,大大低于前一年的使用量,主要体现在:连锁餐饮店使用量下降,家庭使用量也下降,食品工厂使用量更是几乎没有。饱和需求导致鸡精的使用量不断下滑,未来也不可能有上涨的势头。

②鸡粉。鸡粉在餐饮行业的使用量主要依赖于高档鸡粉的稳定性,低档鸡粉的使用量不断萎缩,餐饮行业正不断采用复合程度更高的调味料来代替鸡粉。

③鸡汁。使用过程中存在一些不足,仅有极少数品牌呈现增长,大多数品牌都已经出局,消费不认可的调味品不可能有未来,只有消费者认可才有需求。

(2)辣椒类调味品

①辣椒酱。使用量不断增加,尤其是辣椒酱的一个产品做出上千种菜品的趋势让辣椒酱火遍

全球,回归需求的鲜辣椒酱依然亮点不断,带动厨师不断提升菜品的姿色,原生态发酵辣椒酱的口感也得到消费的认可,使得辣椒酱消费在不断升级。

②麻辣鲜。升级消费的趋势明显,重复消费麻辣鲜的消费服务转化成为麻辣鲜服务的体验,而不再是麻辣鲜产品本身。

③油辣椒。在一定的消费领域增长可观,重庆小面、陕西凉皮的标准化日益完善给油辣椒带来很好的消费前景,调味品和餐饮企业纷纷做足消费的群体,带来消费的稳定需求和增长趋势,外延需求不断升级,内部需求不断增量,中小企业纷纷参加。

(3)排骨粉

单一的品牌具有稳定的消费,大多数品牌的销量不断下滑,没有稳定的消费支撑,安徽、河南、山东、河北、福建、广东一些企业的生产量超过使用量,消费认可度不高,使用不广泛,面临升级换代的趋势。

(4)海鲜粉

新的需求不再是雷同,部分通过不添加味精增鲜的天然海鲜粉专用调味品,连锁使用效果理想,吃后良好的回味呈现回归的特色趋势,新的锁鲜保鲜的口感技术必将诞生更高档次的海鲜粉调味品。

(5)牛肉粉

市场需求量不断萎缩,具有与鸡粉和鸡精的使用量一样的特征,只有在极少数的清真调味领域使用比较稳定。

(6)蚝油

未加味精、防腐剂的高品质的蚝油如今还未出现,常规蚝油市场已走到了尽头,低档次的蚝油在凉拌、火锅调味方面的使用均出现消费动摇,未来需要高品质的蚝油产品。

(7)卤汁

标准化的卤汁是未来的趋势,一些调味品企业的卤汁产量上涨比较明显,一些餐饮行业使用的卤汁数量不断加大,而且增长势头可观,不仅带动地区发展,也成为一些餐饮连锁企业发展的后备军。

(8)复合调味酱增长

复合调味酱口感较好,使用量不断增长,消费需求旺盛,消费的回头率高,主要体现在以下几方面:复合调味酱使用方便快捷,餐饮标准化的小吃和中餐外卖增长带动了复合调味酱的使用量。一带一路的消费需求也在升级,使得复合调味酱使用量得到提升。最后是新的吃法远远超过传统的吃法,改变了调味酱的使用。因为这三方面的原因导致复合调味酱的需求上升。

3. 发酵类调味品

(1)发酵类调味品

①味精。味精的需求一直很稳定,因为环保和需求的原因,价格上涨是必然趋势,终端直接消费量一直在下滑,食品工厂加工需求量微微上升,但是未来上升的空间不会很大。主要原因就是过去味精的使用并不科学,目前鲜味的研究使用得到体现,人们更加合理化地使用味精,这也与人们少吃味精的趋势相同,其次是一些调味的天然化,使得对味精的依赖在弱化,排斥的程度在增加,这样就导致味精的使用量在下降。

②酱油。酱油的发展不断演变,需求和消费的变化都在瞄准高端,做出高端的酱油是未来的机会,发酵技术的不断提高,具有天然鲜的优势是未来的一大特点。实现发酵的氨基酸和天然食材的调配,必然会创造新的天然酱油,这才是未来酱油的标杆。当下的酱油生产量足够大,重点是酱油的科技含量提高,高品质的研发才是课题,也是酱油革命的趋势,酱油产品不在于价格的高低,在于好使用,消费者愿意用、重复用。酱油企业不在于大小,而在于生产的产品能够被消费并且重复认可,再小的企业也可以成为未来酱油企业中的标杆。如何做出一款好使用的酱油,一款好的酱油可以做成上千道菜品,这样的酱油带给厨师和消费者都是满满的正能量。实际上如今这样的酱油还没有出现,酱油发展必然是回归传统的,只有具有如上优势才能成为酱油中的佼佼者,

③食醋。食醋的增长在于使用醋作为饮料的开发,可以形成消费的功能性带动,高端的消费带动期待形成,饮料的品牌优势明显。

④料酒。料酒使用比较频繁,但是大多数生产不规范,品质和档次较差,一直没有改观,行业界一直看好料酒,料酒主要是用在哪些地方,究其原因主要还是餐饮使用为主,高端使用主要体现在融入香辛料复合的特点,避免低端料酒的趋势,餐饮高端却没有标杆的品牌,假货充斥。香辛料的研究是料酒高品质突破的关键,通过多年的调味实践,发现香辛料的科学调配才是料酒满足重复消费的根源,这就是一些料酒企业的商机,在消费者认可的料酒香辛料风味方面下功夫,必然会出现一流的料酒。

⑤酵母提取物。酵母抽提物的发展更加广泛,不仅仅是调味,更多满足消费的认可,如何实现调味丰富的口感和滋味,实现独特的消费价值。尤其是功能性调味品的兴起,酵母抽提物的商业价值期待最大限度实现,实现消费的体验升级,满足越来越多的需求。

(2)其他发酵调味品

①大豆酱。大豆酱的复合化改变传统发酵的趋势,做成多种食用的趋势和分享,大豆酱成为行业的一匹黑马,天然发酵的大豆酱仍然有很大的发挥空间,无论是品质还是复合调配技术,均有升级消费的需求。

②豆瓣酱。传统工艺期待智能化、无人化、标准化、自动化,更加科学实现豆瓣酱产业的资源整合、品牌升级、消费体验,具有千年文化底蕴,豆瓣酱的未来很好,很有价值的体现在于使用面较广泛、消费认可度高、重复使用频率高、百亿产业价值,这也是大多数非常看好的原因,也是多个企业不断涌入豆瓣酱的原因,兼并、投资、风投围绕豆瓣酱势在必行。豆瓣酱具有改变调味的历史意义。

③面酱。需求比较稳定,作为调味的原料,具有丰富的升级调味价值,如今存在发展的困境是如何实现新需求。

④虾酱。使用的趋势在不断增加,天然鲜味得到消费的认可,具有很好的可塑性,使用面还很广,有待于更进一步去探索,使用量也很大。

⑤豆豉。豆豉的生产成本一直上升,消费的需求虽然稳定,但是高品质的豆豉仍然具有潜力,独特风味的豆豉更是调味的杀手锏,潜力巨大,价值和未来趋势一路看好,也是标准化调味豆瓣酱以外的第二大原料。

⑥腐乳。腐乳是豆制品发酵形成多肽的调味功能性调味品,具有丰富的营养价值,功能化定向消费打造,必然可以以腐乳为原料生产出适合消费的多种调味品,消费价值通过调味得到体现。

⑦鱼露。独特的发酵成就独特的鲜味,在餐饮调味需求中不断上升,在食品工业化加工中也

不断增加，这对于特色鲜味需求的天然提供者，具有非常好的市场潜力，需求量和使用面均很好。

4. 火锅调味品

火锅底料和火锅店，线上和线下结合，国内和国外结合，形成火锅调味品全球化趋势，享受火锅产业的增长，带动消费不断升级，尤其是新食材的创新吃法，不断丰富火锅调味升级。

5. 香辛料调味品

（1）辣椒

调味带动辣椒的广泛发展，辣椒源于美洲中部，在500多年前哥伦布航海发现美洲大陆，将辣椒带到欧洲，海运和陆地传到非洲和亚洲，明朝末年进入中国，S17、S12高辣度辣椒、魔鬼椒正在不断创新应用，关键是找出最适合生产鲜椒酱、豆瓣酱、火锅底料、色素、辣度等多个方面优势的对应，这是未来辣椒融合消费的调味需求，将成为辣味带动的全球化课题。消费者对品质、品牌、价位、口味、安全性、健康因素、连锁需求了解均得到极大的变化。辣椒的价格受产地、品种、品质、需求、产量等影响，各地差异较大，新疆甜椒8.00～8.50元/千克、红龙板椒6.80～7.50元/千克、线椒7.00～7.90元/千克，陕西到库尔勒抢购线椒，山东、河北、四川、河南到库尔勒采购作为色素加工。内蒙古的北京红，价格6.00～6.80元/千克，大量被抢购的所谓开宝马车采购，成为2017年辣椒销售的一个亮点。云南小米辣22.00～29.00元/千克，艳红干椒、椒中玉小椒也在25.00～28.00元/千克，草莓椒也达到16.00～22.00元/千克，丘北椒更是产量减少，出口一路高涨，因为品质好而走俏，魔鬼椒收成增长，价格达到50.00元/千克。吉林热销辛迪椒和洮南小椒，价格在6.50～7.00元/千克。贵州子弹头30.00元/千克，灯笼椒、二荆条、牛心椒、艳椒等涨2.00元/千克，贵州的辣椒加工企业也外购，造成山东、河北、河南柘城、云南、广西等地价格均高于往年，河南临颍朝天椒11.00元/千克，金乡朝天椒9.60元/千克，柘城朝天椒10.00元/千克，河北望都朝天椒8.70元/千克，武城朝天椒9.00元/千克，开封/杞县朝天椒10.40元/千克，未来几年朝天椒一直处于上升趋势。河南辣椒不断得到重庆、四川、贵州企业的支持，价格具有明显优势，未来值得期待，更是指导辣椒产业发展的亮点。辣度的深度利用，李氏辣度的普及将为未来辣味食品全球化带来诸多商业价值。

（2）花椒

重点以流行的云南青花椒的月价格变化来分析，以便了解花椒的行情，可供调味品加工和使用选择做参考。著作组总结2017年云南青花椒的价格变化如图1－1：

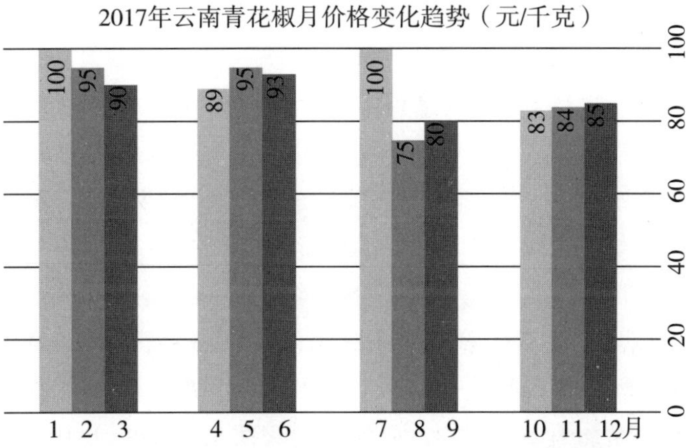

图1－1　2017年云南青花椒月价格变化趋势

青花椒的发展比较突出，尤其是云南的青花椒，从上图可以知道最佳采购的机会和全年的行情变化，持续需求的旺盛是青花椒的最大特点。全国的红花椒使用量下降，保鲜的鲜青花椒使用量也上升。

（3）黑胡椒

著作组总结 2017 黑胡椒月使用量变化趋势如图 1－2：

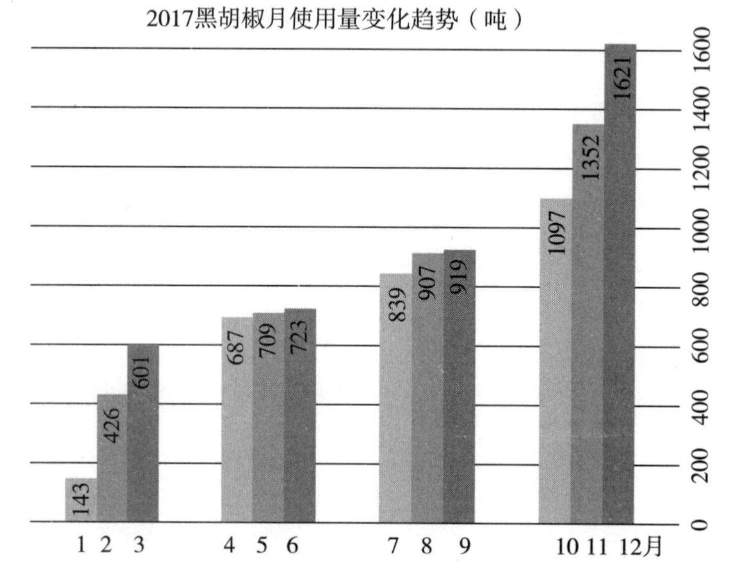

图 1－2　2017 黑胡椒月使用量变化趋势

辣味的变化和跟风，促使黑胡椒的使用量一直上扬，但是黑胡椒的价格一直稳定在 36～39 元/千克，用量的上升并没有大幅度抬高价格。黑胡椒使用量在增加，黑胡椒类别的调味品也在不断丰富，使用的企业也在不断增多。

（4）甘草

甘草的使用量不断增长，数量有限，价格也在不断变化，因为使用极其广泛，这个小的产业值得关注。

（5）香辛料的应用技巧

采用水浸泡香辛料，可以充分释放香辛料的味道，改变一些不科学的调味方式，如桂皮、丁香、小茴、茅草、香叶、豆蔻、孜然、八角、桂枝等经过浸泡可以充分将风味物质提出，达到调味的效果，豆蔻、草果、砂仁、山柰、白芷、良姜则是采用白酒浸泡效果较好，风味生产比较充分。关键的技巧是如何实现复合香辛风味稳定持久，操作过程中不会产生不良风味。增香的香辛料有肉桂、莳萝籽、油桂、罗勒、桂枝、红豆蔻、陈皮、白豆蔻、肉蔻、香叶、香果、烟桂、香菜籽、茴香、草果、丁香、八角、甘松、五加皮、千里香、枳壳、香砂、香茅草、檀香、迷迭香，白胡椒、红花椒、干辣椒、青花椒、葱、姜、蒜、干姜、黑胡椒、洋葱。小豆蔻增香以外还可以增强食欲，白芷、草寇、积壳、木香、黑胡椒、山柰、良姜、草果、洋葱、香茅草、千里香、百里香、砂仁具有去腥的作用，肉豆蔻、肉桂、青花椒、丁香、肉桂、月桂、鼠尾草、小豆蔻、香菜具有去豆腥味作用，红蔻、白蔻、老姜、山楂、辛夷、百里香具有去土腥味的作用，甘草、罗汉果、陈皮具有提高回味的作用，协调整体风味效果较好，红栀子增加红色、黄栀子增加黄色、紫草增加紫色、木香增加黑色、丁香增加黑色、红曲米增加红色、姜黄增加黄色、藏红花增加红色等，香辛料的作用远远超出现有的认知，需要更加科学合理应用。

（6）纯天然源创造

天然香辛料是调味品最富有魅力的，也是可以有非常大作为的中国调味品的代表，著作组总结 2017 咖喱粉月使用量趋势如图 1－3：

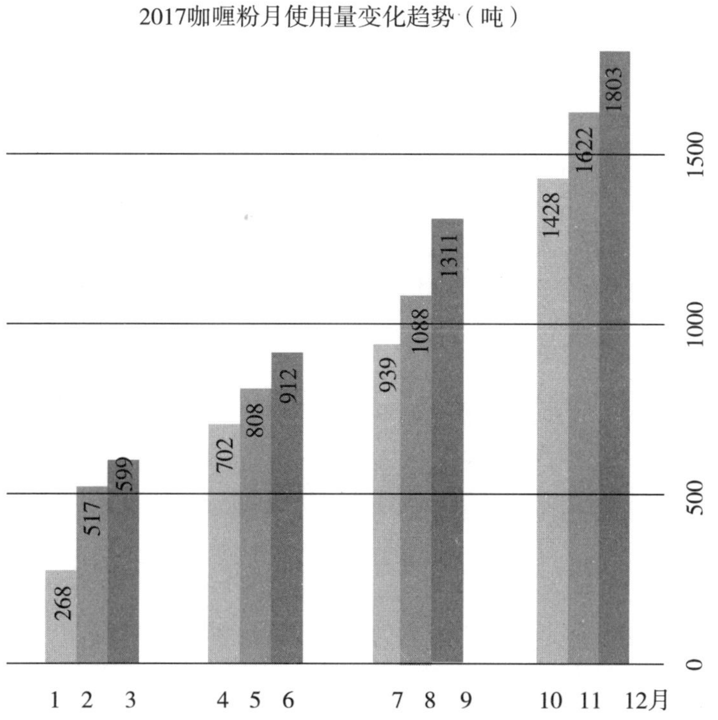

图 1－3　2017 咖喱粉月使用量变化趋势

咖喱粉的不断增加用量，使用的领域不断增多，效果也得到不断认可，可是咖喱粉的价格稳定在 22～25 元/千克，咖喱粉的增加充分证明国内研发的模仿性和跟风的趋势，但是未来怎样需要进一步关注。不可否认的是新消费将出现新的消费趋势和特点，将带动新的调味原料的发展，此增长态势还体现在辣味升级变化的复合化趋势。

（7）食用香料

食用生产香料的企业发生巨大的转变，大多数企业转向餐饮用复合调味品的加工，利用优势的调味和技术服务实现餐饮标准调味料的生产，原则是给餐饮发展带来机会，为餐饮标准化、规范化、智能化、无人化提供商业机会。存在的不足和优势都很明显，有待于深度探讨和消费结合。

与消费需求存在差距，理想的标准化调味品却难有销量增加，往往两年内必然走到尽头；单品发展困惑，以为单品可以助推消费增长，可是消费的结果很失望；开店示范难获收益，餐饮标准化不是简单地调味品影响因素，除外还有更多的影响因素；调味品标准化只是一方面的优势，不是所有餐饮成功的标志，餐饮需求不由食用香料使用；天然风味成为趋势，天然口感成为典范，未来回归趋势与食用香料有别；餐饮标准化的极致往往产生在厨师和厨房，而不是食品厂和食用香料研发者；餐饮标准化涉足的领域很多，调味品标准只是一方面，并不能成功的全部；共享越多的调味品才是未来的优势，共享越少，未来的机会就越少；同质化没有出路，自创才能有未来，可不是做餐饮标准化就有机会,重复消费认可才是根本。

6. 基础调味品

(1)食盐

高价食盐不断增加销售点,重复消费不断增长,区域限制和跨地区销售不断激活市场,高品质食盐是新热点,非食用盐的管理更加有效,抢盐不再出现。食盐消费的法律制度,食品安全法更加合适健康盐业的发展。

(2)糖

健康化的糖类需求是热点,越来越多的新糖源,代替糖的健康生活需求。

(3)芝麻酱

需要提高高品质的芝麻酱才能满足消费的需求,真正具有芝麻酱的风味和口感,传统工艺的做法的芝麻酱消费备受期待,而不是价格高低,关键是芝麻酱的品质。

(4)番茄酱

全球具有的优势明显,欧洲出口稳定,不断改变世界对番茄酱的认知,中国番茄酱世界人分享,来自欧洲的大多数番茄酱原料源于中国新疆。

(5)芥末酱

稳定性较好,消费需求处于平衡状态,没有大起大落的趋势。

(6)甜面酱

回归传统的高品质甜面酱一直是消费的刚需,传统独特香味和口感的甜面酱具有很好的前瞻性,只是市场和生产企业尚未出现。

基础调味品在品质需要方面追求原滋原味,体现原生态的需求,尤其是初级消费需求的体现,价值和档次也在不断回归消费认可的趋势。

第二章　餐饮促变调味

一、调味之本

1. 基础调味的根

调味就是酸、甜、苦、辣、咸五味相互之间作用的体验，调味的叠加就是得到更好的记忆，当下流行的厚味和回味均是这一原因；消除一些味觉以获得更加美好的味道，天然食材的鲜味掩盖微苦的调味技巧，香辛料使用得当可以掩盖腥味，缓释调味可以掩盖不良风味；豌豆和鸡肉形成更加复合的鸡肉味，木香和牛肉、黑胡椒、洋葱形成比较熟悉的牛肉味；极少量乙基麦芽酚干扰香味的变化，木姜可以干涉青花椒风味形成创新风味；复合氨基酸和鸡油反应调味的口感协调，在用量和用法方面即可创新口感；增加调味的效果，根据数量和质量来修饰，找到影响调味的因子和水平，科学强化风味物质的相乘作用；再根据消费的需求转化成为数据衡量的调味措施，根据盲测得到最佳结果。

2. 调味是调味品核心要素

调味才是核心竞争力，对调味的匠心才是调味品发展的原动力，无论多少花样，没有调味的调味品一定是失败的，不能为消费服务的调味是没有价值的。调味服务的餐饮业门槛低、受众广、频率高，调味的高度标准化是调味服务的一盏明灯，也是竞争力的体现，尤其是地方菜品和小吃在退化而标准化通用菜品在不断增长，决定消费的关键才是调味的结果。

3. 调味品安全始终是根本

安全是第一，只有安全的调味品才能立足于市场。调味品渠道和调味的变化，调味品的销售不断丰富，拓展线下融合线上，建立全国网络，拥有消费需求定位的话语权才是调味品增长的动因。

4. 新调味诞生

老的调味品企业关门，效益不佳，经营日益困难，不会出现争先抢购的景象，调味品销售的微商电商均在上涨，流通新销售在增长，而大超市销售调味品在下滑，商超的合同签约费、进店费、货架费、新店开张费、返利等不断增加，消费的重复频率不能达到盈利，越来越多的放弃商超，大多数采用试销，优先线上销售，新的便利店和无人销售新零售。靠收费生存的超市即将成为过去，不健康的销售模式，不平等的收费条款，不会合理分配利润的行为，必将以满足消费者生存下来，顺应消费的接受而生存。

5. 调味本身就是广告

广大调味品在各方面的广告效果极差，没法实现调味的内容来做广告，我们的很多品牌的植入是那么无味，值得借鉴和推广调味的享受，调味的极佳体验激起人们对美味的向往，将调味的消费立体化。

6. 不断走高的调味品

调味品定制细分增长显著，高端在于重复消费发力，概念性调味品已经失效，餐饮使用的频率高，需求的复合化程度提高，低档次初级调味品在减少，因为消费对复合程度高的调味品也愿意支付额外的费用。健康调味品虽然需求旺盛，但是消费的频率极低，消费的认可度极差，往往消费者不太认可高价位的高品质，对高价位调味品仍然怀疑。有机、天然、回归、绿色、原生态、非转基因仍然是推高调味品的代名词，但是结果也在不断地检验之中，顺应消费需求，体现消费价值，满足升级趋势，经得起时间和食用的考验和检验，才是不断走高的调味品趋势。

二、调味的作用

1. 调味改变生活

我们的一日三餐离不开调味品，调味也就这样不断改变我们的生活，因为我们需求在不断增长，生活水平在不断提高，而调味品的生产和消费体验跟不上我们的需要，因为调味所产生的资源不断涌进，将调味的体验不断渗透到我们生活的点点滴滴，从而给我们的生活带来越来越多的商机，这样调味就产生了可以创造极大的调味效应。调味效应不断影响着人们如何吃好，尤其是追求吃得更加安全美味健康的今天，人们离不开调味品，更是期待高品质的调味品，人人如此，家家如此，也就是我们都如此。上到国家领导人下到百姓，人人都是一样美好向往的期待，调味创造我们更多美食的记忆，还成为一些人与人交流的典范，这具有千年的饮食文化传承，尤其是中国味道被世界认可的共性，全球分享中国调味的红利。调味的规律不断深入改变着我们日常生活，同时也在不断优化消费需求，迭代传统的美味变化，一代一代更新调味境界。

2. 调味改变整个产业链

食材的标准化加工，美食的整合不仅仅是调味品，肉品多样化加工、方便饭主食、水产品加工、净菜肴，上万个连锁店一致化，调味成本极低，食品安全有保障，销售价格极低，消费重复率高。

3. 调味品带动无数产业

调味的作用越来越大，中餐成为世界领导餐饮系列，备受世界各地人民热爱，调味品的作用将不断给国人争气，同时还将改变世界。所有的调味品都是在不发达的社会消费的基础上形成的，信息的不发达让地道的调味品难以得到传播，日益发达的信息不断渗透，美味靠调味品传播不断影响着一代又一代人。不规范的调味品企业让一些产业兴起，又由于整个行业不规范，没有竞争力，没有消费基础，很多企业也奄奄一息，但是给社会发展提供了促进作用，更加明确了消费带动调味品的趋势，不规范的发展导致了最规范的创造。出现一些带头作用规模化生产的大型调味品企业，充分实现规模化效应，给行业发展起到了标杆作用，大多数不思进取的调味品也将不断离开市场。

4. 调味品的潜力巨大

调味品消费基数大，是生活必不可少的元素，近 20 亿人的消费是我们调味品产业必须适应社会的原则，一定会做成世界级的调味品企业，这是时间的问题，也是我们不断融入世界的问题，也是我们自身的问题。大多数调味品企业是不会自我检讨的，都是自以为大，学习不足，科学化、合理化、规范化做得不够。真技术创新的调味品极少，大多数就是纸老虎，只有消费认可的能够存活下来，重复消费与价格无关。

5. 回归厨房风味

餐饮的日益变化就是在对风味的革命，厨房的风味不断优化就是需求，个性的自然、营养满足消费的健康需求，实现便捷化的调味，将香与味的结合，消费的需求不再是不熟悉的风味，取而代之的是天然厨房风味的趋势，超出消费需求的回报，这样的调味品才能生存和发展。消费者需求的杀手锏就是消费熟悉的风味，只有如此能产生价值，为实现这一目的，调味品生产企业必须做到环保和严格的生产，做到自己和消费者一样的需求级别。

三、调味特性

1. 时代性

(1)调味品过剩

调味品从短缺发展到过剩，升级转型，恶性同质化过剩只能给消费带来盲目性，在经过竞争的过程，极少数生存下来或者全行业崩盘，这在调味行业是非常明确的。过剩的仿制也不会长久。

(2)调味价值转化成消费

消费的升级一直在进行，不以企业的意志为转移，于是消费才是调味品的根本，只有根据消费得到的调味品才是未来的消费趋势。消费和调味之间是有区别的，如何将两者有机结合才能形成调味品，这也是大多数调味品没有出路的原因，没有有效的消费支持，调味的价值没有体现出来，也就不存在调味品，不是经过生产就是调味品，关键是联系调味和消费的价值转化。从这个角度来看调味品，中国具有五千年的使用历史，具有丰富的价值期待释放出来，调味的形成是自觉形成的需求，是消费意识形态的体现。

(3)针对创新找需求

我们调味品的发展不同于其他国家，需要针对性自创，不是所有的外国可以模仿的，国外的一些企业在中国的味道探索也是失败的，没有发自自觉形成的需要调味，是靠不住的，我们的具有竞争力的调味品品牌都不是向国外学来的，都是自创消费形成的，国外的调味品进入中国也是难以生存的，唯有根据消费才能成长。我们的调味品需求比较复杂，不是单一风格形成的，数十个菜系的派别是形成调味品立足世界的未来，这不是一个弹丸之地区区几亿人的消费，是数十亿人五十六个民族的美好生活向往的体现，所以中国调味品的未来只有消费才能主导。没有实现消费的重复传播，调味品的计划生产和项目必将胎死腹中，因为消费才是当下调味品的主旋律。

2. 新资源特性

新资源调味品机会依然存在，酵母提取物在调味中的作用巨大，不断渗透到多个调味领域，使用酵母提取物的频率越来越高，优质天然的全球化是必然，备受人们欢迎。天然香辛料的提取也正在不断增长，不断满足传统增长不能实现的地方，为未来调味的深度发展提供机会。

3. 功能性

越来越注重健康，满足个性化需求，最大限度满足调味品的功能。功能化调味品，消费需求的变化和调味品本身的功效，具备功能性需求的趋势也不断出现，强调调味品的功能因子也不断得到认可，面对人们疾病的困扰、不健康因素的增加，功能调味品会是一个很好的选项。

4. 方便性

体验消费更加方便，一个调味品可以做数千种菜。便携式一次一份，消费即食的方便食品大有作为，只是因为业界固守传统思维，即食是最好的机会，复合调味是最佳助手，迭代开发方便面价值巨大，规模化生产条件成熟，改造方便面生产起点高、基础好、利润丰，调味的灵魂价值容易呈现，调味的附加值源源不断，复合高端的机会很好，正好是解决中餐标准化的机会和症结之统一。

5. **透明性**

透明看得见的高品质调味，新鲜的调味品可以看得见，可以连接二维码互动场景的消费，享受人人即可互动的体验消费透明化。让消费更加放心、开心、健康，对首次消费富有吸引力。在新零售和消费追求美味的前提下，消费者愿意支付额外的增值费用来分享创新消费的新思路和新方法，走进消费的新的需求。

6. **增长性**

消费增长促进调味，调味促进消费增长，调味新技术、新概念不断涌现，形成新的变化和趋势，自热改变餐饮业，改变休闲，成就调味，整合产业链，自热新特征发展形成新的数字化、多元化、信息技术结合的升级趋势。微餐饮精深变化，网络订餐、白领新生活、透明消费数字化，联系调味的可追溯信息大数据，人人享受美味调味。安全、天然、绿色是调味的必然趋势，素肉健康新调味品源源不断。

7. **新功能性**

调味新功能，调味的共享让消费的传递更加直接，调味精准，消费自然就有了机会，共享调味消费正能，无限增加消费的价值，精准将实现众人消费的调味品转变成为定制超值服务的调味品，新的消费价值根据消费而产生。

8. **价值性**

调味价值本身存在，调味品主要体现的服务不是经济环境好与坏，只要提供了调味的调味品，其服务价值是一直存在的，满足消费是必然的。调味品存在是必然的，消费增长也是理所当然的，一日三餐是不可少的。调味是民生需求，价值是需求越来越细化，定制是越来越明显，调味的链条越来越长，调味的服务越来越丰富，个性化调味越来越有价值，附加值越来越强化，生产与消费的直接实时连接，创新满足需要更多的中间服务载体，调味价值放大就能获得足够多的认可消费。

四、调味服务餐饮

1. **调味助推餐饮业**

著作组总结 2017 调味品使用分布如图 2－1：

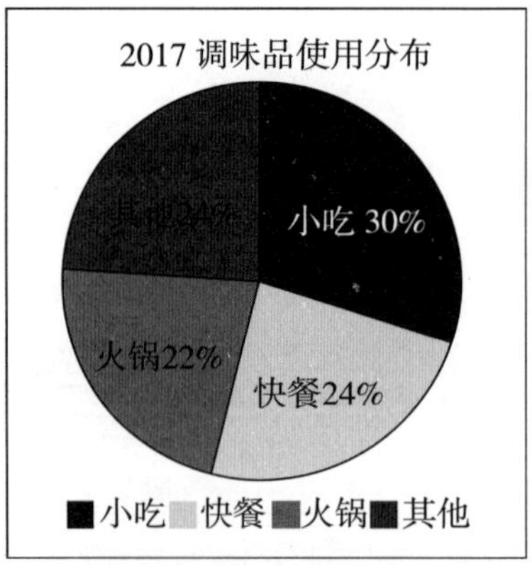

图 2－1　2017 调味品使用分布

全国调味品使用最多的是小吃占 30%，次之快餐占 24%，火锅使用调味品占 22%，其他调味品的使用 24%。小吃创收的比例最大，调味的新需求迅速、健康、自我权威、及时更迭，全国餐饮创业最强，北京号称第一创业餐饮，上海则是餐饮店最多的一线城市，深圳、广州、重庆、成都、西安、武汉、杭州等人流量大、交通便利、物流成本低、支持创业的政策多，小吃带动调味品最多最为丰富。

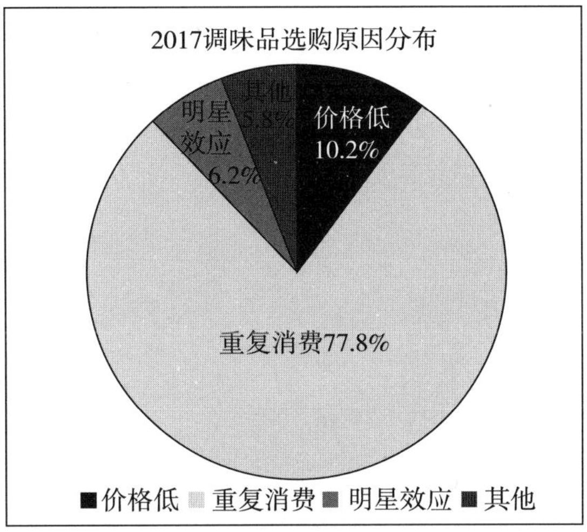

图 2－2　2017 调味品选购原因分布

著作组总结 2017 调味品选购原因分布如图 2－2：消费者选购重复消费达到 77.8%，充分证明重复消费在调味品销售中的重要性，价格因素选购不再明显，因为价格低选购的占 10.2%，因为明星效应选购占 6.2%，因为其他方面选购占 5.8%，主要是朋友推荐、广告或者其他方面导致选购。消费调味的特点就是健康、安全、吃法创新、服务创新、便利、选择有主见。调味沟通技巧改变，公众号、微信、微博、朋友圈、地图、微视频等不断融合，靠大数据推广提高效率，降低成本，促成消费，整合资源。调味休闲化进入休闲中餐，智能无人化改善餐饮品质生活，新食材创造调味商机，标准化掀开小吃连锁品牌商机，消费体验化助推销售实例。

2. 餐饮带动调味体验

通过店面消费的购买率很高，同时产生传播效率非常高，人们大家纷纷对店面带动效果高价赞扬，尤其是普通消费者转变成为消费商和投资人，大多也是通过这样的消费来实现的，比较亲民，回报丰厚。

3. 标准化调味品提速餐饮发展

餐饮业的发展离不开标准化，没有调味品的标准化，餐饮业不可能做大，更没有做强的机会，调味品的标准化将实现全餐饮链的标准化，工作流程和食材也将标准化，智能化发展也可以弥补人的不足，大大提高效率。

4. 调味促使餐饮的变化

餐饮迭代，快速发展，小吃和快餐的标准化加速，兼并和跨行层出不穷，新零售外卖渗透宴会餐、休闲餐、商务餐，品质更替不断增值，智能服务越来越多，影响餐饮经营的因素不断增多，特色个性化成为增长点，二三线城市成为主力。目前国内最大的餐饮企业占整个消费的 2% 以下，可见空间还很大，需要更加完善调味的标准化才能达到，调味品助推餐饮创业比较容易，实现 10 亿元产值不在话下，未来出现百亿的年产值的餐饮品牌也是正常的。

5. 调味工业化助推餐饮快速发展

餐饮业寿命在两年左右，更多的盈利应该是未来的标准化调味品实现低成本高品质的必然选择，如何做到美味离不开调味品的发展，强大的调味品丰富未来的需求，使餐饮的颜值更高更有特色，个性化更突出，价格更低、出餐更快、服务更周到。

6. 餐饮高速增长，调味品空间巨大

餐饮消费的持续增长，标准化、傻瓜化、复合化的调味品需求空间巨大，火锅、小吃、烧烤、快餐等不断增长，同时创新更多新的吃法和机会。消费的高端增长促使大量特色调味品出现，餐饮渗透的范围更加广泛，需求的新趋势和热点更多。

五、餐饮调味商机

1. 调味服务强势

销售调味品转变成为调味服务，如同在自家厨房做菜，满足自己吃和消费者吃一致化。多数低层次的研发调味品不堪一击，模仿和抄袭严重，不能满足升级的消费需求，科学合理的研发根据消费的需求转化成为高品质的调味品，满足餐饮调味的刚性需求，实现调味的净增价值。调味是根本，没有调味的餐饮实现，一切都是空谈，实现调味的服务才是调味品的真正价值。

2. 电商促使调味革命

电商涌入促使调味品变革，实时在线的网上商城与线下实体的结合，移动支付的强大优势助推网购份额倍增，超出实体店的优势释放出巨大的能量，给消费调味带来足够多的红利，重新实现消费服务链的利润分配合理化。一些调味品就很困难，不能合理投入导致花很大的精力且没有收获，费用投入没有亮点，一些没有固定消费群体的调味品就更不容易了。附带的销售助推渠道很多，但是有效性很差，往往都是收效甚微。销售的团队建设和费用不断攀升，没有有效的管理也难以回报，与传统销售调味品是两回事。调味品的销售在一些大超市没有了畅销的机会，卖场的促销影响不大，利润却在不断减少，大多数没有固定消费或者固定消费群体有限的调味品不能维持超市的生存，退下货架是必然。依靠便利店的调味品也需要消费的重复，没有消费的引导，没有二次消费的实现，便利店和小卖部依靠经销商的开发也有难度。著作组总结：一线城市调味品销售在下降，二线城市调味品销售增长明显，三四线城市及农村市场增长刚起苗头，电微商销售调味品占 28.3%，整体消费调味品需求增长，销售增长 12%。全国出现降低调味的物质感，提高调味的幸福感，对这方面认可率达到 12.5 亿人次。如何共享调味品，从大数据、云计算、智能化去挖掘全复合典范的调味，实现快速增长。

3. 调味需求面大，调味体验消费

调味品同质化的时代依然存在，消费的重复难以得到实现，难以获得一定的发展，因为人们的需求时代已经发生变化，在这个需要高品质的、供过于求的信息时代，越来越多的调味品企业面对机遇仍然不知所措。

线上线下调味品立体化，销售调味品的中间环节最佳效益化，高品质的、专业化的调味品，尤其是全复合调味品的商机极大，助推上千家餐饮模式一致化，实现超值的调味价值，成本极低，效率极高，同时进一步淘汰复合程度不够的调味品，也淘汰低质量低价格的调味品，带动越来越多的调味品走向全世界。体验调味消费不断形成新的消费力,让消费者的美好享受得到实现。

4. 个性化调味需求

餐饮个性化、高品质的研发不断形成,餐饮和调味结合的研发越来越多,更多的消费基础更加扎实,以消费为带动的研发不断产生新的调味时代,调味的价值也不仅仅是消费者,甚至整个消费产业链都会产生互动,调味品的价格不再是以成本为定论,而是根据消费而定价。越来越多的调味品企业意识到研发的投入较少,纷纷利用外脑进行合作研发,整合尚未利用的、有价值的部分,充分利用消费的点滴制造新的调味品。踏实实现消费的地方特色,依据消费的需求,深度结合之前的消费特点,利用当下最新的技术,诞生一流的传统调味品,立足消费的本意,走向全球。

5. 餐饮调味供应增加,菜品结合调味

调味品的风向转型,乃至一些咸味香精生产的企业也在转型成为餐饮标准化调味品的供应商。调味需求的趋势一直在上升,餐饮调味品一直需求旺盛,市场机会越来越好。推行餐饮调味,才能实现高品质的调味品的开发和利用,消费互动的体验就是调味价值的一部分,实现调味的极致体现,无论是销售还是实验,都需要做到消费之后再回头。

菜品和调味品结合升级,越来越适合标准化餐饮享受的趋势,一个标准调味品在符合健康、美味、安全的需求下成就数千个菜品,成为年青一代的选择。充分发挥特色调味品的优势,可以做成独具一格的调味消费。调味才是一切消费的核心,调味的消费才是成为餐饮必须的关键。

6. 与“食”俱进,互联网技术谋划调味消费

一日三餐调味便捷化、营养化、体验化、特色化、多元化、趣味化、新需求差异化,满足越来越现实的需求。调味品满足消费,自己吃、家人吃、人人吃,体验吃法 DIY,好调味大家一起分享,难销售的是思维方式而不是调味品,整合所有资源的调味品畅销无阻。

点餐技术升级化,对调味的需要也升级,无论是快餐需求,还是消费需要,互联网技术不断结合餐饮调味的服务升级,让消费的调味动起来。健康、卫生、幸福是当下消费最关注的因素,速度、网络、附加值更快更高效,将调味、消费、研发、企业文化连在一起的线上和线下结合,转移调味产生的新价值,创新需求满足消费者,共同融合消费的调味感受。

六、餐饮标准化快捷菜调味

1. 标准化骨类调味料兴起

标准化调味品是必然趋势之一,对于连锁餐饮的帮助很大,节省人力及其他资源,提高出餐的效率智能无人餐厅的调味也可实现。

标准化骨类调味料兴起,大型的餐饮连锁店陆续使用,源源不断的订单增加,尤其是以汤为主的餐饮不断兴起,慢慢实现餐饮的需求更加直接。麻辣烫、小面、米线、土豆粉、方便面、拉面、米粉等小吃引导消费趋势,创造体验消费新需求,打造共享的消费需求的骨汤系列标准化,助推餐饮和食品连锁的高标准,实现产值和消费的高体验平台,满足传统骨汤的消费需求。

2. 净菜推动调味

调味品从减法变成加法,升级满足需求,调味即食菜不断创新消费,不仅是在大超市,在小便利店和农贸市场也在不断形成,将过去分散的、效率极低的、污染严重的加工方式变成标准化的工业规模化、效率极高、成本极低的调味结合方式,大大提高调味的效率,增加调味品标准化的应用,净菜推动菜品的标准化和国际化，也为新的保鲜新技术带来新的商机。体验感极强，可以做到餐厅带回家。多样化、标准化、系列化的菜品不断出现，定制消费需求的菜品随处呈现，调味全产业链健康发展，满足人们越来越多的需求。

3. 方便快捷菜促调味标准化

空间较大的快捷菜，将调味的极致使用呈现给消费者，同时通过消费获得越来越高的价值，即食性多样化不断改变消费新生活。人人需要的迫切性体现在一些超市和新鲜菜品的兴起，消费的体验感也较强，这也是社会价值的现实体现。消费者吃好的年代，标准化的菜肴一直处于高速增长态势，值得大量的从业者和创新产业投入，源源不断地实现价值最大化趋势。中小企业依然能够生存和持续发展，大品牌也一样没法去抢占市场，因为调味的价值链太长，调味的价值多元化太广泛，值得分享的机会太多。资金技术创新也不一定能够垄断消费，大企业也一样被淘汰，重复消费的现状不出现，再多的投入也难回报，面临需求方便新鲜菜只是增长的现象之一。

七、餐饮使用调味的影响

1. 高品质体验增加机会

高端调味品满足高端需求，精选食材，优化传统调味品生产工艺，改变理念追求好吃好玩，风味创新求新求变求时尚，细分消费的认可，让消费认可重复到极致，让高价成为品质的代名词。越来越多的体验将随着竞争的市场变化，增加消费调味的亮点和热点，也成为消费的增长点，也是新消费的趋势之一。

柔性化的机会很大。柔性生产改变调味的竞争力，定制化、小批量化的调味品生产一直是调味品行业存在的，可以最大限度地产生调味的价值，更大限度地满足调味的连锁经营企业，尤其是连锁的不断完善，国际化的趋势和一次性调味的趋势，柔性化生产一直成为调为消费的热点。柔性的目的就是在调味品的品质、交货期、成本保持一致的条件下，实现大批量的生产和小批量的生产任意交换，满足更多个性化的消费需求和调味体验。小批量生产可以实现更多通过调味创业的机会，正好弥补大批量垫压资金的风险，也给生产盘活运转带来机会产。

2. 调味品的稳定增长

餐饮使用复合调味品是家庭使用的 6 倍，高端化发展趋势，复合调味品增长加速，连锁和小吃不断扩张，复合调味品配方固定、产品质量稳定、调味技巧多元化从而实现更多消费的变化，将人们的消费变成更加现实的做法。小范围销售增长不断出现，复合调味实现超时代的购物体验。打破传统思维，整合良性资源，带动调味品的消费。

简单调味品赋予生态食材，醋和料酒等传统调味品在功能化、定制化、分类化方面不断实现新的消费亮点，不断让消费的创新在实践中得到体现。

3. 全复合调味品赋予食材记忆性

天然食材结合特色调味品全复合化，满足消费的认可。因为地区不同、风味不同，创新需求的机会也不同，都可以实现记忆的食材，形成高标准预制菜品系列化、快消化、简洁化、美味化、人性化。

4. 连锁反应，精准定位

商超因为竞争和趋势所迫，带动调味品及其整个需求链增长，未来的销售趋势也表明调味品日益完善。社区便利店的不断变化，创造新需求。新零售更加让消费和调味品的作用呈现，需求调味品不断带动生动的消费调味品。

在同质化的环境下做好调味品，精准定位调味品的消费，消费调味的根本是创造调味品的机会，深入核心需求，实现消费样板，放大消费调味效应，重复消费的引导，视频消费分享，二维码传达幸福，亲情融合体现，创新吃法和消费亮点的即时增销。

第三章　调味智能化

一、智能化概述

1. 智能生产

调味品生产的智能化可以实现无人操作，实现调味品的随时生产，完全改变过去对人力的严格要求，将带来生产管理的自动化升级，人人可实现，随时可生产，生产环境得到保证，尤其是高水准的无菌条件生产的实现，给高品质调味品生产带来机会。

越来越多的新技术改变传统的调味品，实现无人操作，改变传统作业的标准化，让员工从传统操作中解放出来，实现更加高效的调味品生产，这是未来调味品发展的必然趋势，也是做调味品的最优化捷径。智能化操作可以避免更多的污染源，远远高于人的标准，是革命性的变化。调味品生产智能化、数据化是不可抵挡的趋势。

2. 高效、创新、智慧

无人销售调味品趋势正在不断渗透，无人销售的卖点一定是重复消费频率较高的调味品，频率较低的调味品就是浪费空间和商机，无人销售一定是互动的，人的功能是由智能化来实现的，大大提高消费的效率和频率，不受时间限制。

无人将催生更多的服务体系和调味消费新业态，不断叠加新的消费。无人商店、无人便利店、无人小卖部、无服务员卖场、无人仓库、无人货架等变换新的零售调味品新趋势，提高调味的延伸价值和标准化服务增值，未来将会出现更加便捷、成本更低、中间环节更少、体验消费更多、互动性更多样的无人销售调味时代。无人销售就是需要实现多维的产品，利用最小的投入，在最简单的范围内，实现最大的效益，未来将是具有强大服务能力、快捷、高效的体验服务，没有规模效应的无人销售将会快速退出市场。

智能比其他方式更能给调味品带来创新，其他方式的变化是有限的，而智能智造是革命性的颠覆，是解放巨大资源活力的典范，智能化解放了人工，但是人工成本也不会降低，反而正常增加。智能是将调味品的生产和消费两端，通过新的技术推到新的平衡，远远超越传统的调味品需求水平，这就造成调味品不好卖的假象，而调味品和调味依然需求旺盛，增长速度依然。

智能调味带来的智慧家庭，智能调味实现智慧生活，智能成为调味的最佳助手。智能调味合理科学精准计量，远远大于消费的认识。共享消费数据，为定制化消费带来新的希望，智能配送即时即到，众享互动体验，私享增值无限，成本更低效率更高，物流智能与体验升级，降低了时间和空间的代价。提高调味品的竞争力，给优势调味品发展留出更加充足的空间。

智能化酿造调味品，解决了采用大量独立发酵装置、发酵时间长、受自然气候影响、品质不稳定等问题，实现酿造数字化、智能化、绿色化，数据可采集，信息可追溯，管控一体化工厂，实现生态、绿色、智造新模式。智能制造全流程采集过程数据，监控整个生产过程，形成动力学和报表无纸化记录，物料状态评价品质追溯，实现品质提高和技术经济指标的提升。通过神经网络等人工智能技术进行挖掘和优化，实现指标优化，使生产过程的可控性和调味品的稳定性以及品质大大提高。

二、调味品智能

1. 运输智能化

智能数字化全新机器人来实现调味品的物流，整合调味品销售的线上线下结合，实时处理在线化、全球化，乃至实现调味全产业链自动化，数据化实现不同的部门、不同的企业、不同的组织、不同的人、不同的分工、不同的团队融合在一体的高效化，不会以人的思想为转移，而是依据消费的数据为结论。

2. 智能化包装互联融合

机器人调味送餐炒菜、包装、整理、转运智能化高度融合，降低成本的同时实现调味品生产和消费的成本最优化，产率较高，资源最佳效用，食品安全隐患减少，无人胜有人。调味品全自动生产的形成，完全改变传统作业的不确定性，可以更加精准实现传统调味品国际化、资本化、效率化、价值链化、淘汰化，留下部分调味的最优价值，符合自然规律，颠覆传统，科技传承历史，加速产业整合，淘汰落后，提供更多传统调味的自主创新。实时物联智能调味品生产，及时反馈消费体验，全自动连续化形成的产、学、研、销、消的价值链数字化。

3. 数字化调味

“转型调味，智造味来”，传统调味品生产数据化。调味将利用新的信息技术、大数据、智能装备等通过软硬件把设备、生产、员工、供应商、调味品、消费者及其消费系统联系成一个网络，实现调味消费核心定制化、虚拟化、智能决策的工艺标准化、基础智能装备化、自动智能完善化、智能升级高速柔性化，互联互通链接装备、流程、消费、商业利益等。调味的商业化必将是逐步完善智能化升级的过程，全产业链、全生态链、全渠道智慧整合的必然，是先进的技术联通消费智能创造。

数字化为调味品带来无限潜力。调味品消费与日俱增，要求调味品企业创新的方式和高速的运营，面对复杂的消费链环节，消费产生的及时性商业价值，无论是数量还是质量和品质，数字化是最佳手段。面对调味品消费的复杂性和种类增多，源源不断增加的调味挑战和机遇，数字化的手段必不可少。柔性化生产调味品增多，科学的手段和方式也增加，数字化是解决生产力和创新的必然。将调味品的数字标准成为调味品衡量的数字化，彻底释放调味品的生产效率，提升调味的价值和透明化消费，增加调味品的销量，改善调味品的生产工艺和流程，精准服务消费的调味互动，高效服务消费人性化。

三、智能改变调味品行业

1. 机器换人时代

智能自动趋势实现批量化生产，降低生产成本，高效利用现有资源，机器尽量做到重复作业标准化，实现重复的生产流程一致化，系统性解决生产的不规范，大大降低能耗和人耗。随着资源不断升级，无人车、无人机、无人新装备等不断升级智造，转型升级调味品生产加工，从原料到调味品的包装，整个过程不需要人即可在智能化装备的条件下完成，加速调味品制造的转型升级。机器换人大大节省了劳动人力成本，提高了生产效率，可以做到高标准的生产条件，实现上百人的工作由一套智能化装备来完成。举国之力发展智能，调味品的发展也不例外，智能将最大限度地节约资源，这成为国际共识，也是提升调味品竞争力的整体趋势。调味品的未来将会是智能种植、智能养殖、智能加工、智能物流、智能交易、智能反馈等的全面智能。

2. 调味品无人时代

无人化将给调味品企业带来的是长久的经济效益，调味品的生产、分类、销售、运输、销售信息反馈均可以做到无人化，人来实现灵活多变的消费生产定位，更大的生产价值将不断通过调味来诞生。无人就是未来调味品智造的标杆和样板，也是调味品不断强大的改造趋势，更是调味供给侧改革的必然结果，主动选择无人才是调味品的未来，也是振兴传统调味品行业的救星。智能的升级就是简化人，让人的作用最大限度发挥，未来无人参与调味品生产和消费的环节将会越来越多，无人时代是必然的，是人类进步的体现，也是调味品更加标准化的趋势，智能化无人的调味品工业革命正在进行。无人趋势是在互联网、移动网、物联网、大数据、云计算、区块链、AI、AR、MR、VR 等技术条件下的一种新型生产、消费、销售、创新、结算、配送、再利用等调味品的智能即时组织形态。无人不等于不需要人，同样是现在做法一样，只是将更高效率、更低成本、更有利的消费数据化体验感极强来实现调味的需求。调味品消费还将多业态融合的趋势智能化、体验化、无钞票化、精准化、法制化、诚信化、道德化、品牌化趋势。

四、调味品共享

1. 原料共享

调味使用的原料均可以共享，如常规使用的辣椒、花椒、食盐、味精等均可以共享，这样的共享将促进社会资源大整合，实现效率最大化，大多数企业的联盟也正是利用这一趋势。

2. 食材共享

同等重要的食材，源源不断出现的菜品标准化就是通过食材共享得到的，全国各地每年食材交易会也因为这一特点而不断出现热潮，这是调味品延伸的新交易趋势。面条的共享实现多家面食产业化，获得不少风投的涌入也正是因为共享食材带来的无限商机。

3. 运输方式共享

新的货运方式节约了行程，产生了效益，对于调味品尤其是现货新鲜调味品和即食的调味品，运输方式共享将产生足够的高效商业效益，给整个消费带来新的消费竞争力。

4. 烹饪方式共享

一种烹饪方式共享之后使调味品和食材变化无穷，给消费的体验极强，也是消费的新的趋势，如烤、焖、蒸、煮方式给调味品在餐饮和消费中大量使用的现实。

5. 新零售共享

将调味剩余的盈利能力分享出来，让更多的人受益，实现低成本高收益，互换有无，这就是共享调味的好处。新零售的实现还将调味的餐厅、味的菜品、调味技巧、连锁调味共享成为新的销售调味品手段和措施。

6. 共享因素越来越多

因为共享调味的美味分享，共享美味的无限场景，实现高端调味的品牌塑造，共同的调味原料、美味食材、餐厅服务、无人智能、信用体系、资本信息、智慧创新、协同合作，实现大连接、大融合、大平台、大智慧的人际、资源、关系、供需、场景消费等存量与销量、消费与现实、跨界与整合，过去的海量的、分散的、缺乏交流互动、跨界不搭边的时代一去不复，数字价值链改变调味的需求整体改变，无形的信用及其他资源共享发挥的作用越来越大。共享的不断形成，不会在于所谓大企业，而是新的消费诚信体系、新的消费闭环、新的交易资源合理配置，出现新的去中心化的调味共享，消费的规模扩大化和需求多元化助推调味品千亿伟业形成。调味的共享将以农产品加工菜肴为基础，标准化菜品及消费为中心，共享互动形成，资源整合达到普惠大众受益。共融、共生、共享、共智实现效能提高和转型升级，创造新的调味产业升级。共享实现自我价值最大化，精准匹配消费调味场景，创造新价值和新的市场需求，消费重复持续。

7. 共享赋能精准化

共享的需求存在，也就便于掌握消费调味品的共性，于是锁定导航消费的重复，实现消费的调味来拯救传统调味品，共享实现消费的精准需求，利用社会共享的力量完成重复消费调味品。

8. 共享共生

调味分享共享，靠调味的体验来分享，实现对调味的整个环节的生态链共享，促进消费的带动。调味品生产技术共享，生产的自动化、智能化、设备、资源组合、柔性生产能力等共享，调味品与消费者、服务者、生产者实现共享共生的必然趋势，实现调味的最大效率。

9. 共享贸易互联互通

通过消费的贸易实现互联互通，共享的贸易在调味品方面不断创新，不断实现调味的价值和效率，成为人类需求的必然通道。

五、调味品创新

1. 调味创新

立足新的消费态势，谋划新的传统调味，释放升级的消费，创造新的调味供给，利用关键的核心技术转化，以消费为主导而不是以名气为主导，靠调味品说话的国内国际竞争力，全调味产业链的高效绿色安全的自主知识产权，形成一流的国际调味品品牌。调味的创新不是总结出来的，也不是学习出来的，而是实践加行动而得的成果，调味的创新是传统延续消费所带来的，不是科学研究出来的

调味的千年传承是人们对美好向往的记忆味道，记忆的体现就是调味品最好的机会，场景消费的调味一直存在，只是换取人们的共识如“舌尖上的中国味道”，调味的分享是人们向往的精神价值，而不是人们认识的物质欲望，满足消费的核心是精神的需求体现，这才是不断升级消费调味品的原因。

调味品品鉴，创造新的消费趋势，互动新的商业价值和消费的实质体系，打造新场景、新消费、新概念、新技术、新调味，捕获创新赢领未来。

2. 加强产品研发创新

在消费的重复性上下功夫，不断成就新的调味精品，越来越多的调味品会说话，实现功能化、消费化、体验化、场景化，未来的调味品是价值体现的载体。

3. 物联调味品新趋势

互联网的局限性不断暴露，物联的趋势必将形成，物联将出现全新的商业模式。物联将出现信息安全保障的新技术，为调味品的流通做基础，一些僵尸病毒的存在也需要清理及时化，实时状

态体现物联的高透明化，分析的数据化进行让调味更加智慧，智能无人等不断渗透，跟踪实时也将更加精准，极少数物联将快速发展，不断服务调味和消费的不同时期的新体验，实时呈现新的消费特点和优势，数字化的升级将弱化互联网的作用，高效的调味价值将更加强大。

第四章　新零售调味

一、调味品销售变化

1. 经销商的变化

利润将变相转化成为新的消费增长，变相增加的是服务和体验，经销商的作用正在加大，越懂调味品，销售就会越来越容易，不是中间差价而是服务增值，享受的调味服务将增加，公共资源助推销售调味品。即时送即时销即时体验，动销特点明显，消费的价值链自然形成，经销的优势更加明显。

2. 中间销售服务转型

服务更加好，体验更加到位，调味的多元化得到认可，未来的消费越来越有力量。中间销售服务的存在大大降低消费链的费用，达到最大价值的消费出现，调味的微商多元化也在这个阶段形成。所谓的渠道扁平化也是有一定限度的，实际消费的增加才能促使得到收益。

3. 调味服务才是关键

调味产生价值，自然就需要调味品，价格高些也没关系，因为消费认可并能重复消费。调味需要的调味品只是一部分，食材及其相关的配套，如果是精准的配套那么调味品溢价就越高。一些面食消费需要的骨汤，卖些调味品赠送大量的骨头，这样直接就是大骨汤，调味品的价格也提高了，服务也增加了，相关的配套度可以整合。

过去是价格，现在的调味品是服务，服务的调味呈现才是调味品最好的价值体现，调味的价值就是服务好调味的消费者。

4. 价格战没有未来，涨价趋势明显

调味品的价格战不会获得机会。健康餐饮需要符合新的未来、新的国家标准，大多数不适合和使用不好的单一调味品会越来越少。后厨透明化、工厂厨房化、厨房流水化、消费体验化、透明消费的美食催生教育美食的趋势，直接消费机会增加，饮食的智能化、标准化、无人化等新的助推消费因素的出现，表明价格战不可能生存下来。

原料、包装、工业化升级，调味品企业、经销商、终端代理商一直在过寒冬，涨价不会有尽头，只有通过接力涨价的方式来淘汰大量不合理、不科学、不规范的调味品生产消费系统。环保税也是涨价的一部分，工资不断增长，GDP 不断增长，运费的上涨，通货膨胀在进行，涨价是必然趋势。涨价带来的是如何应对消费，如何实现有效消费，整体涨价改变行业的格局，整个调味品生产消费链都在有效应对涨价，淘汰大多数没有优势的调味品。面对涨价首先应提高抗风险能力，加强和消费端的沟通，有效输送消费重复率，其次是内部调整，根据一些大数据判断价位和成本最优化，管理成本优化，能耗降低，对外避开同类产品从实质性消费下工夫，可以做到消费重复的定制化，单位价格上升品质提高，销售的数量并没有增加，整体的利润提高。涨价必然导致出局，大多数调味品企业将会出现原料短缺、环保关门、资金紧张、滞销、停工、无重复消费等现象，中小企业享受不了批发和零售的待遇，大企业还享受期货带来的成本优势，面对涨价，中小企业困难重重，如果没有良好的交易基础，中小企业只能离开这个行业。批量化大企业生产的原料优势比较明显，生产

的调味品具有优先溢价等优势,在技术和生产工艺、人力成本、项目支持、税收等也具有明显的优势,所以只有大企业能够撑下来,大企业还有实力建立自己的原材料基地。诚信和品牌的作用,不断给良性企业的机会,必将催生中小跟风企业的消失。

调味品的全产业链都涨价,不涨价的调味品将没法持续经营,没有消费的认可不可能实现涨价的转型,消费的需求得不到满足,中高端需求不断上涨,涨价既是调味品发展的加速器,也是调味品的出局码。

5. 调味品倒闭潮

没有优势,必然会离开这个行业,自动化、智能化最大限度解决消费和生产的不均匀不平衡,没有消费的重复性意识,大多数企业没有机会。小型调味品企业能耗高、污染大必然关闭,利润少,员工工资上涨,没有重复消费的调味品生产,也只有关闭。靠价格竞争,表面上挣钱,实际上成本较高,没有利润,只能是资金断裂,信贷更难,滞销没法进行消化,消费的趋势是消费者愿意多花钱买高品质的调味品。过去,鸡精生产用于食品工厂、泡椒凤爪、火锅加工等,如今这些都不再使用鸡精,更多的小鸡精厂就没有出路。过去很多家使用鸡膏,现在使用的越来越少,方便面也是一样,方便面调味仅相当于 9 年前的 45%,这样的行业趋势是很明显的。避免倒闭的最佳方式就是找到实现重复消费的良性发展的法宝。

6. 诚信赢天下

靠诚信不断获得消费的增长,即便是一份只有 8 分的调味料钱,但是消费的基数大,不断被消费者认识和接纳,从一个地区扩展到多个地区,这样的一个小的调味品即可改变上亿人的需求。这也大大省掉了过去的业务费用,货架费、进场费、促销费等都会在不断取消,这些费用的意义慢慢在失效,消费的需求则不断丰富,花样的促销没有实际的效果。诚信首先对消费者是好事,消费的认可重复得到保障,服务的渠道得到保障,生产的实现得到保障,消费与生产的一体化得到保障,这对整个行业都是好处。

7. 定制化调味品增加

越来越多的餐饮都是选择定制化调味品,一些餐饮和调味品企业合作研发调味品,全国各地都有大量的定制化企业。定制化的分工越来越细,种类和用途越来越丰富,给社会发展带来新的商机。品牌聚焦过程中,出现恶性竞争、低价残杀,调味的时代不再是价格战,也不是跟风,而是碎片化个性消费定义调味。过去认为的调味优势已经荡然无存,现在有的是实实在在、踏踏实实的消费,根据实际消费而定位的调味品,价格已经不再重要,重要的是重复消费。一些老的调味品因为根据成本来制造,其品质不再适应消费,再低的价格也很难实现重复消费,这样就导致这些调味品转型或者离开。过去的调味品是增量时代,跟风模仿还有机会,现在已经是增质时代,信息的互通,经销的作用和价格的拼杀没有了意义,当下应提高满足消费的品质需求和满意度的程度,实现重复消费。现款交易是调味品发展的必然,也是良性发展调味的趋势,调味品仅仅是调味价值的一部分,因为使用调味品还将产生更多更大的价值。

8. 中小调味品企业规范

面对市场的消费需求的变化,调味品企业一定要做好消费重复需要的准备,抓住消费重复的卖点,做到生产的调味品销售现款交易。做好针对需要的生产,满足消费调味的整合,减少不良生产和冒险行为,改善合作者关系,将需求调味链接起来产生价值,靠优势合作释放多元化需求。改变老市场运作的行为，将一些关系转变成为增值，将一些服务转变成为创业，将经销商转变成为伙伴，建立高诚信度的合作关系，靠调味来改变企业的良性发展。建立一些新的消费调味合作样板，靠样板来带动消费调味品，源源不断地实现创新需求的调味，这才是中小调味品企业的未来。新开发优质客户，根据相同的调味理念，不断渗透调味作用，让相同的调味共享创造价值。尤其是中小企业，具备引导市场消费趋势的作用，即便是消费的市场认可较慢，未来的市场也会快速增加。一定要实现核心竞争力，没有核心就会被一些大品牌用价格压垮，也就没有机会，核心竞争也是别人做不到的调味作用，作为中小企业容易做到，发挥最大的调味价值，实现不断增长的趋势。

二、调味品销售技巧

1. 正能量销售调味品

正能量来销售调味品，调味品产生新的合作关系，新鲜的消费技巧和办法，可以促使消费的调味品变成未来的趋势，正能量带动调味的圈子变大，改变消费调味的认知。调味品周转快，消费良性，刚性需求不断呈现，创造消费的关键就是解决调味的需求，实现调味的经济性、增长性、发散性。

2. 制定销售终端

如何消费调味品，应做到终端需求亲民化，人人都可接受；销售服务的技巧就是知道让消费者如何得到超值回报，只有超值回报才能让服务调味信服；调味品的增值链建设，就要放大调味的价值，换位思考，获得更多消费认可，执行力精准到位，销售就不成问题。

3. 与消费者共享价值

注重调味的效果，与消费者共享价值而不是争论价格，做好调味的服务，最合适的服务方式而不是最好的调味品之争，建立与消费者共同的信念和价值。培养调味需求的潜意识，共同探索消费动向，选择一个明确的方向，传播调味的价值，在调味的本质上下功夫，分析消费的数据，掌控趋势分析，采纳消费反馈意见。

销售最大的阻力永远是自己。没有销售不出去的调味品，调味品是所有食品中最容易实现成交的，调味过程本身还将创造价值，重复消费概率大。年轻化、趣味化、功能化的高端调味品与消费者产生共鸣，诞生新的调味价值，回归原生态的价值分享。餐饮的小型化、价格大众化、菜品精美化、服务自动化、管理标准化、环境简单化促使调味品广泛使用的概率增大，消费精准定位，调味智能化，加盟一致化，消费场景舒适化，品质安全健康的高享受。调味需求的刷脸支付，更加体验快速、新鲜、潮流、无人化智慧消费模式，创新突破新享受。品质、价格、体验、品牌的升级才能满足消费，物流、供应、产业链都要与时俱进，不再是单一的价格提高。

三、调味品销售误区

①浅意识。误认为满足消费者认可就可以通过网上平台增长，误认为地区调味特点都可以增长，误认为老字号上百年就有消费，误认为大品牌就有优势，误认为品牌定位、品类细分就有优势，误认为区域满足就有消费。

②消费者。不了解消费者，谁消费如何消费，怎么消费，不了解就无从谈体验。

③利润。误认为利润低，竞争不明显，调味品的重点在于调味的价值，而不是原料成本的初级论断。

④调味品好坏。调味品的好坏一定是对比，盲测的对比才能找到调味的特性，不具备不同调味品之间的可比性，无从谈调味品的优劣。

⑤使用周期。重复消费引导调味品，消费引导才是让调味品销得快销得好，而不是使用的周期。

⑥调味特性。离开调味特性谈销量和推广，相当于无根之树何以参天。

⑦盲流调味。盲流调味现象表面化，徒劳而不获，将流行的形式加上调味的误导，调味的价值在于使用。

⑧定价。消费带动的定价，实现新销售的需求，迎合消费，简单、便捷、高效。

⑨销售平台。误认为平台就是机会，平台是死的运行才是活的，靠平台和现实渗透消费，同样的调味品，同样的平台，运行的结果差别很大。

⑩销售模式。误以模式论优势，忽视智能化物流配送促进作用，无明显优势的消费内心体验。

⑪线上线下。线上线下无成本论，没有量就无法谈成本，线上虚拟高效，线下务实周到，无重复消费认可就没有消费的机会。

⑫竞争认识。误认为别人对你竞争，实际上调味品的竞争永远是自己，自己是自己最大的竞争对手，低价不是出路，打折不是办法，服务才是调味品的根，关键在于如何调味增值消费的认可。

⑬人均消费误区。因为消费情况不一样而导致的调味，把别的消费模式的调味品消费量来衡量一些地区的调味品潜力是不科学的，也是不求实际的，其次是认为调味品的集中度误解调味的产生是消费而不是因为有调味品，有消费才有调味品，所以我国调味品不可能出现集中度很高的趋势。

⑭需求变化。消费的需求在变化，因为技术升级和成本上升的压力，某些调味品的使用在不断萎缩，没有任何过多的需求，外行还在不断鼓吹增长。

四、新零售调味品

1. 新零售兴起

新零售调味品强调的是速度，要求支付速度足够快，送货速度足够快，服务消费足够周到，同时依靠并购、投资、地推、优惠等手段促使竞争，调动所有能够实现的资源组合。新零售调味品还在于数字化，数字化的调味实现共享、智能、全球，专业的人只会做得越专业，越专业就会做得越好，这也是新零售调味品不断升级的规律。

2. 新零售 IP

调味 IP 与新零售，餐厅吃的就是调味品，味道是第一的，满足消费的真实需要。麻辣烫标准化形成新的 IP，上千家连锁店实现新零售，将味道可以直接带回家，独创的新零售助长调味品的销售和消费，IP 可以将粉丝做到最大数量，麻辣烫自热化自然形成。

3. 新零售趋势

数字化提高销售和运营的效率，改变销售的工作方式，解放重复的和不合理的行为，智能设备、移动互联网、人工智能等新技术的继续升级，数据清晰化，供应链标准化运营，生鲜配套调味品运营，精准高效管理得到实现，区块链、数字化等促使生产前移、消费供应链也前移。不再是经营调味品而是经营用户，精准的服务和调味满足用户的体验才是新零售的特点。线上线下一体化，消费者随意实现需求的满足，消费的自由。消费需要越来越好的调味品，根据消费需要而诞生的调味品。需要体验更加到位的调味品,调味的消费更加立体化,生鲜蔬菜与调味品的结合是新零售调味品的最有价值的趋势,新零售调味品消费需求品位高、空间大、机会多、竞争亮点多,创新超市和平台不断出现。网上商城调味品与实体店一致,多地区整合趋势出现,颠覆传统销售调味品模式,多业态、多频道、多平台、多渠道一致化,全球购物一体化。新零售更加成熟化,调味品经销商更无路化。新零售调味品的变化让无人销售和无人调味不断出现,线上线下一体化新资源组合趋势加剧,消费的新增量不断催生新的消费体验,复制样板不断出现,新零售实现重复消费的最佳效率。新零售出现新的消费场景,强化购买服务体验的消费不断增加,新零售的资源结合大爆发,共享趋势的创变和消费商的助力,调味品消费的共享因素不断增多,调味品的粘性和消费性不断增加,调味体验的新花样将在便利店呈现,调味品龙头或者平台型公司将会出现并购整合,渗透到精准消费,休闲化主食和便餐外卖结合,实现调味的价值得到体现。新零售更精准,超级用户思维诞生,为调味的服务产业链增值提供前所未有的机会,智能重组消费调味升级,关心调味的重复消费和代表性成为新零售特点,最大限度提高生产和消费服务效率。

4. 传统零售与新零售

传统调味品销售是以企业为中心,通过提供调味品来完成,销售渠道比较繁琐,消费信息反馈较慢,消费的体验基本没有。新零售则是以消费为中心,调味和服务的线上线下结合,通过调味链接和互动,选择性多,随处即可实现采购,体验丰富。

大多数电商巨头不断投入大量资源,新零售让调味品的消费和销售发生很大的变化。市场消费的变化不能通过模式来改变,重复消费才是好调味品的唯一特征,采用消费商体验的最佳方式不断打动所有的消费群体,实现消费新零售。

5. 新零售主流渠道

新零售的主流渠道是电子商务,可以在千米之内实现精准销售,全球行近在咫尺。通过这样高效的渠道实现新零售调味的幸福感、调味的场景化、调味的核心价值、创新调味的生命力,这种具有公益性的新办法信息化、标准化、集约化程度高,给调味带来新的生机。

五、调味品升级态势

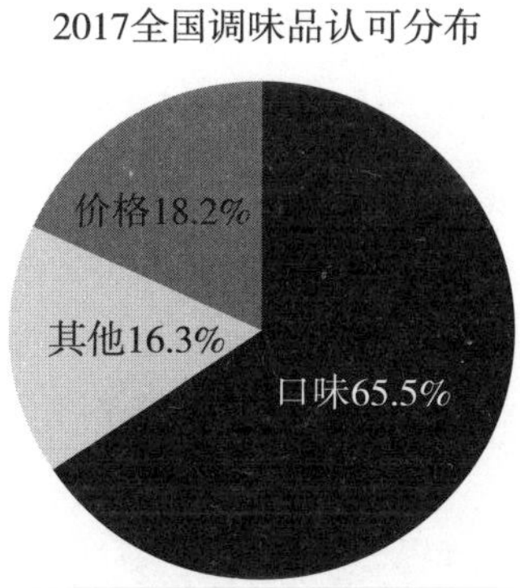

图4－1　2017 全国调味品认可分布

1. 全国调味品现状

著作组总结2017 全国调味品认可分布如图 4－1。消费者对口味的认可占 65.5%,对价格的认可占 18.2%，因为其他原因认可调味品占 16.3%，说明调味品被消费认可的原因中主要是口味。

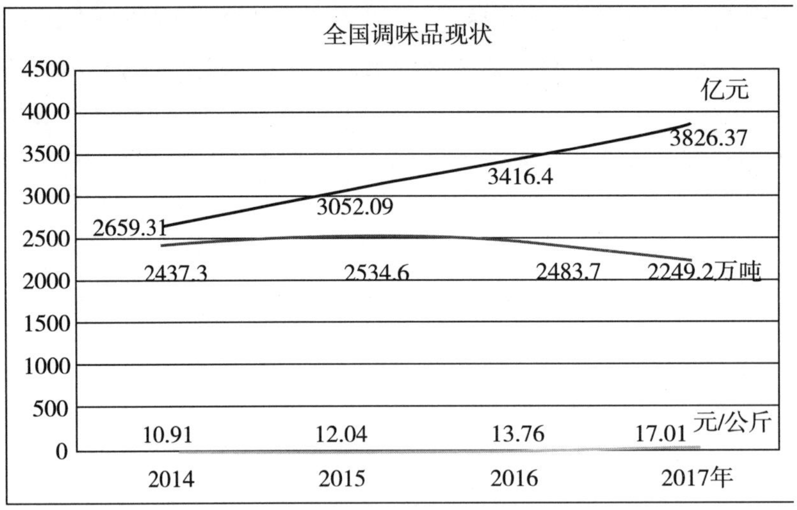

图 4－2　2014～2017 全国调味品现状

著作组总结 2014～2017 全国调味品现状见图 4－2，著作组总结 2014～2017 全国调味品现状见表 4－1。

表 4－1　全国调味品现状

年份	2014 年	2015 年	2016 年	2017 年
年生产量(万吨)	2437.3	2534.6	2483.7	2249.2
年产值(千克)	2659.31	3052.09	3416.4	3826.37
单价(元/公斤)	10.91	12.04	13.76	17.01

质量在提高，产量在下降，产值在增加，调味整体质量在上升，数量在萎缩，但是调味品的销售单价一直在上升，趋势不断呈现新的变化。调味品数量优化、品质在增加、消费渗透率在下滑、整体用量在下滑。

2. 调味品企业生存状况

著作组总结分析 2017 调味品企业生存状况见图 4－3：

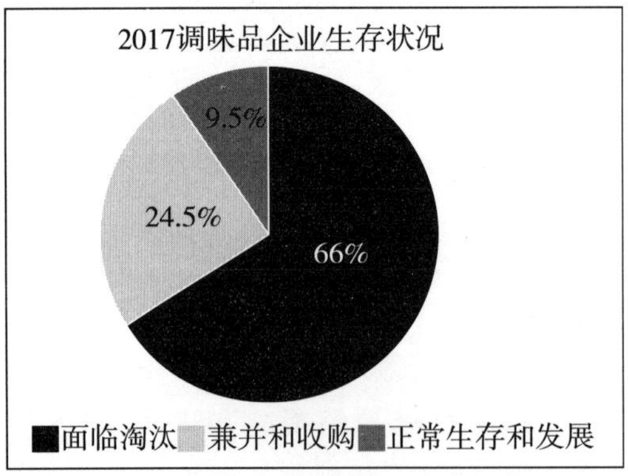

图 4－3　2017 调味品企业生存状况

正常生存和发展的调味品品牌是消费认可并重复选择的调味品，标志性是重复消费，面临淘汰的是指同质化、没有消费认可特点的调味品，调味品企业未来的淘汰率高达66%，兼并和收购24.5%，正常生存和发展的仅占9.5%。说明调味品行业应自创生存，而不是模仿跟风。

3. 调味品消费升级

调味品的消费是从消费者的消费而产生的，只有消费才需要调味品，只有调味品的重复使用才催生调味品产业，这与传统的调味品生产是不一样的，这是在新的互联网不断实现信息透明化的情况下，将消费的现实定位为消费带动调味品的发展，而不是因为生产调味品来消费，因而调味品转型的方向也发生了改变。调味品的消费升级主要体现为效率的提高、新体验、新感受调味的分享。

4. 调味品价格升级

消费者自愿付出的高品质调味需求比较自然，提价有利于整体调味消费服务，原汁原味的价格比较容易提升，宣传不理性的调味品在涨价的同时也面临风险，尤其是号称不添加的调味品面临诚信的风波。个性、营养、享受 、无人零售、无人车、鲜到家等因素都是促使价格变化的因素，消费也乐意接受价格的变化。

5. 调味品品质升级

吃后不口干的调味品，自然鲜的调味品，透明化消费的调味品，而不是一些提高味精含量的鲜，也不是一些手工制作的口号，关键是采用先进的科学技术，实现味道的提升而成本依然很低。

6. 调味品功能化升级

全复合化就是很明显的变化，对于调味品来说，如果一个调味品可以拓展千种菜品的用途，就可提升调味品的附加值，推动调味品的价值释放。

7. 调味品安全健康化升级

吃好的今天，人人注重健康美味需求，淡盐、有机、回归天然的调味品才是趋势。高端健康消费带动调味品少而精的发展趋势。

8. 议价能力升级

调味的作用体现得淋漓尽致，让消费得到重复需求，对于市场的变化和消费的体验具有发言权，具有能够控制上游议价和下游定价的优势。

9. 隐形推广升级

通过二维码不断升级简单的广告，让消费体验立体化，让我们成为消费的吃货代表，让大家一起成为典范的新媒体、新视野、新消费。

10. 需求升级

消费日益增长的需求和落后的生产结构之间的矛盾，高品质、安全、健康的需求，农产品、农业、食品、调味品之间的共治满意度，全产业链透明信息的传递，政府监管，都要求能生存下来的企业必须培养竞争力来实现需求升级。

没有重复消费的企业将出局，只要有重复消费的调味品，2018 年将有希望，品牌大小都不在乎，关键是消费。风味升级实现定制个性化，专属新消费新零售表达自我的追求，精准定位消费体验场景升级调味。

六、2018 年调味品的机会

1. 降低成本

降低采购成本，降低费用开销，合理配置相关新资源，达到费用最低化，提高工作效率，在相当的时间内完成超量的工作，达到效率最大化，扩大营收渠道，得到足够多的效益，专注开发潜力调味品的消费渠道，提高日常运营效率、布置效率，优化调味品流通链环节，科学管理升级。

2. 开发新客户

把客户之间的需求做新，设身处地考虑客户的需求，学会与客户打交道，为客户量身定做，超出客户的期待去完成可能产生的合作，在守信方面突出，关注重点，循序渐进，效率高结果导向明显。满足消费调味的忠诚度引导，利用数据链接相互之间的关系，推出支持消费趋势的工作，建立共享消费调味品的办法和技巧，共同服务消费的分工和合作，利益分配合理简便可行，调味的超值服务在不同程度上互动，附加值、附加服务不断产生额外利益，独有的调味价值无限放大，高效的调味去中心化服务倍加增值。

3. 竞争对手隐形化

不可能知道谁是你的竞争对手，调味品的消费需求分散化趋势不断升级，细分的消费不会出现明显特征，消费者发生最大的变化就是网民化，人人均可随处实现消费调味品，调味品的消费链条也不是过去那么可见，消费行为隐形化是调味品的最大商机之一。

4. 环保刚需

社会共识精准打造，不再是低产能而是生态智造。机器取代人后调味品工厂必然是越来越好。味外之味，道外之道，此乃味道，人人消费，人人认可，人人参与，人人共享，人人受益，生态环保的调味。生态调味的透明化、阳光化、合法化，才是持久稳定增长调味的途径。

面对渺茫不景气的市场，应该精准实现消费的对接，把握好新客户的作用，花精力在实际做产品上面，现款交易是前提，消费重复是必然，周到服务是升级，动销产生新希望，机会大于失望。调味品高价是为了对消费者负责，只有调味的高服务和高价值才有高价格，对消费者的尊重就是调味品的价格被认可。

不知道调味品的路在哪里，这些调味品企业在挣扎，没有未来也不可能有未来。找到调味品需求的根源，满足消费的需求，实现消费的重复，这样才有生存机会。

具有中国味道特色的调味品，不是任何一个消费定义的概念，而是具有重复认可的需求体现，不会因为我们认为的趋势发展，而是根据消费的重复来发展，消费的重复特点就是调味品的潜力体现。只要调味品本身的重复需求得到体现，原料涨价、消费需求、竞争等对这个调味品的影响是有限的，只是表现出某些年份的产值高低而已，上百年的调味品企业发展就是这样过来的，没有重复消费的调味品企业必将关闭。

第五章　消费改变调味

一、消费升级的驱动力

1. 消费升级是社会共识

十九大明确指出，我国社会主要矛盾已经转化为人民日益增长的美好生活需要和不平衡不充分的发展之间的矛盾，调味品如何满足消费重复是这一矛盾的焦点之一，升级是必然趋势，不再是传统的消费观念，而是现实的需求满足。传统的模式已经没有市场，集中、优化、整合地完成调味品生产的最佳生产规律不受人们的意志转移，根据消费的最优化选择才是调味品质优价廉的必然。低价的调味品品牌不断离开市场，拼价格的调味品也不见了，极少数根据消费需求转型的调味品生存下来了，还是要面对更进一步的竞争。传统的手工作坊，智能化的代替生存下来。调味品生产的市场发生了变化，在此时抓紧转型，利用现有的资源投入到更加高层次的调味品升级智造，利用过去低端的生产转变成高品质的调味品，价位和利润都比过去高，从而赢得较好的市场局面。

2. 消费形成调味，诞生调味品

不是调味品的生意越来越难做，而是你的调味品做法有问题，调味品需要的是消费，做调味品的逻辑彻底改变了，不是对等的消费需求，模仿跟风观望的机会为零。消费才能产生调味，才能诞生调味品。调味品是越来越有机会，不是越来越难，而是越来越容易被消费认可，产生丰富的价值。

通过不断消费形成调味品是调味品诞生的前提，消费的需求在不断增加，多元化需求更是越演越烈，消费的需求也是没法停下来，完全是人们的需要在发挥作用，重复消费的调味品不生产都难，即便不招商也有固定的消费群体。全球化需求的消费也在不断增加，具有个性化特色的调味品有无限空间，在新的消费趋势下只有接近真实消费才能解决调味的问题，这才是调味品诞生的本质。没有消费的带动就没有调味品的价值，新时代是因为调味的手段和方式产生的消费，消费的重复才诞生调味品。消费才是调味品的根，没有消费不可能实现调味品重复销售，所以跟风的必将无路可走，没有满足消费的致命的服务环节。消费需求的体验是新的消费特点，这是过去调味品所没法意料的，也是消费主体改变的原因，同时将不断实现全球的需要转嫁到新的需求时代，未来的调味品新需求不断出现。

3. 消费需求新升级，倒逼调味品生产

功能性、营养性、健康性的调味品需求不断带动消费更新换代，拓展高附加值的系列调味品层出不穷，这也正是消费者的需求心声。

消费者直接采购调味品的比例在不断上升，通过消费端直接采购已经上升到28.71%，调味品经销商等传统的分批销售带来冲击，在线化和互联改变调味品的消费状态，也就是实现了每生产100元的调味品28.71元是在网上销售的，随着无人销售、体验二维码、智能服务的升级，消费的倒逼调味品制造必将创造更多调味的新趋势，尤其是体验消费的不断升级将改变传统调味生产

状态。

大批量的餐饮需求不断增加，餐饮经营环保的要求，厨房智能化的趋势，大批量调味品的主要消费是餐饮，餐饮消费调味品占 72.5%，家庭消费调味品的比例为 13.5%，食品加工需求的调味品则为 5%，主要用于即食性的其他新需求 9%。主要消费并不是一线城市，占 32.8%，而是二三线城市为主，占 38%，农村及乡镇占 29.2%。高价位直接升级换代趋势明显，如无添加的食盐 460 克销售价 36.80 元，销售占食盐的 1.8%，顺应健康需求，其次是高品质的推广对于调味品只需要消费者乐意就做，即便是不合理的宣传也能促进增长。调味品的一个新的增长点就是提高消费的频次，促进消费的互动，实现调味的幸福感。调味品需要解决的就是一次性使用的高标准化，避免调味品开封之后的污染和变质，往往是现实的消费死角，有待新的商机出现。

4. 渗透消费提高调味品质

传统消费的调味有很好的基础，不同于所谓的推广销售，主要是消费带动，调味正好是刺激消费的最佳手段，具有很好的重复消费性。自然促进消费者对调味的支持，消费者参与微商的经营，也有的消费者成为调味品代言人，互动消费产生新的消费价值。调味品重在消费，竞争只是顺应消费认可的行为，调味品没有重复消费，如何营销也是没有意义，也不可能获得很好的市场。

5. 聚焦消费发力体验

消费的升级，体验调味让人人都能销售和享受美味，调味品就不再难销售，源头就是解决消费满足日益增长的需求，合理引导优于不科学宣传，消费的认可是有规律性的。满足消费是依据市场的消费状况来调整的，体验升级消费的结果就是让人人参与，让调味的价值体现在服务的整个过程。有效释放消费的体验潜能，挖掘消费的需求点才是调味品的出路，一些调味品企业停滞不前主要原因就是没有洞察消费，反而跟进模仿，实际上没有任何意义。

6. 围绕消费来做调味品

根据消费来做调味品才是出路，消费在哪里，调味品的服务就到哪里，当下低品质、低质量、低效率、低品质的调味品不能满足消费的高品位的需求，造成严重的需求得不到满足，无论是质量还是数量都的根据消费来调整，满足良性消费，提高调味品的调味体验，实现调味品的价值完全消费。标准化的智能化无人调味体验成为当下的消费热点，无人超市销售调味品，无人餐厅使用调味品，无人配送传达调味需求，大数据实时跟踪和智慧消费。

7. 动销转化，消费增级与互动

销售的立体感是未来的一个新特点，可以体现出消费的动感，让消费的回报看得见。调味的体验感升级，带动新的调味价值。

消费者消费留下记忆，让消费者第二次再来消费时依然呈现，带来很好的怀旧心情，更能交流消费调味的重复性，消费的本质就是需求，需求的本质就是满足，超额满足消费者的需求，带来超值的价值是未来调味的新场景消费。尊重消费的选择，可以转化消费者的互动，一次消费即可产生超额价值，让消费者不断提升消费的价值，消费被尊重是为了未来更多的消费。调味品提升空间巨大，调味品的需求是在高品质的升位，人均消费的需求在不断变化，尤其是具有传统特色的调味需求较高，因地域差异、消费习惯、消费需求不同，调味品仍然具有不同的特点和分散化需求，整合同类企业的结果往往是不理想的，自创缺乏、细分差异大、专业化程度不高，调味的增值空间较大。此外，网购市场移动端购物增速，网络购买调味品的比例不断增加，未来消费的调味拉动会更加明显,会成为新一代消费认可的主要趋势,也是最新资源结合的便利生活方式。

8. **蓝色经济**

具有非常大潜力的调味品必然不断呈现亮点,越来越多的消费者都会乐意这个蓝色的经济趋势,调味品之所以越来越多的人涌入就是因为蓝色的一片大好商机,给人们的发展带来无数的幸福感以及调味的最佳享受。

9. **大发展大变革**

家里做菜的调味品,直接方便快捷一次性,传统健康炖汤的调味品,复原高汤的耐蒸煮调味品,质量稳定,好吃不贵。调味的个性鲜明,定位准确,获赞无数。调味品的大发展大变革满足的是数亿家庭和数亿人的消费变化,这是调味品大变革的未来趋势,将有越来越多的人参加这个时代的调味品创新。

二、调味消费的商机

1. **调味消费的特点**

新零售新消费的调味品关键是消费,而不是调味品本身,调味品的使用正好是消费过程的体现,调味也是解释调味品如何实现消费需求的真谛,消费才能促使调味品产生巨大商业价值。满足不同需求的调味就能实现调味品的丰富,实现消费才是调味品的第一要素,实现重复消费是调味品第二要素。消费的满意是调味品的责任,尤其是重复的多频率消费,拉近消费者和调味的关系。

调味促成消费的普及化,对人们的生活乃至生存至关重要,很多企业并不了解调味品的真正存在价值。调味的作用就是解决一日三餐的生活问题,同时创造更多的消费价值财富。调味之所以叫调味品就是因为调味的需要,判断调味品的本质就是自动形成的消费,也就是说大多数产品不能称为调味品,也就是仿制品,没有本质需求的特点不能获得重复消费,无重复消费就不具备调味品的因素,所以大多数徒劳的调味是不长久的,结果只能是浪费资源。

2. **调味品消费需求状态**

价格高低也没法判断市场需求,当前主要需求趋同化在下降,如酱油每 500 毫升价格 10 元是常规消费价格,随着消费的变化过去高档的酱油如今不涨价也不算高档了,差异化的销售价格是每 500 毫升销售价格 30 元,更高价格的酱油也有机会,关键是高价的理由和消费的认可,如果价格高消费者使用后不重复,这样的调味品很难实现生产的持续。同质化是弊病,极少数做的是高端,没有消费的认可难以生存也是理所当然,更低的价格越来越成为淘汰的典范。

3. **高端化细消费**

高端消费的趋势越加明显,高端的体现随着新的技术和消费的加剧,细到个体消费的变化,这个消费的过程足够带动重复消费的频率,消费的高端体现的不再是单一的价格,更重要的是调味服务也细化,只有消费接受的高端才是高端,远远比价格高还要丰富。

让消费者的舒服程度决定调味品的价值,消费者吃到美味来源于调味,调味的升级是实现消费者的舒服程度,只有消费者舒服才能带来调味品的价值,如何实现消费者舒服,调味品仅仅是一方面,但是调味的价值呈现却是多元化影响的,也是连带作用的,促使消费舒服就是调味品的最大价值。

4. **消费结构变化升级调味需求**

消费结构变化很大，每年的调味需求和消费都不一样，升级的内容都会发生改变，这样造成的调味载体的寿命就很短，过去和现在不具有可比性，根据消费变化来实现消费才是调味品的成功。

消费途径发生变化，需求调味的内容发生改变，消费内容也不仅仅是调味品本身，过去是需求才导致消费，实现采购，这是最单纯的销售。如今的消费路径是发现调味的趋势和热点，需要消费的体验或者体验的介绍，产生消费，对消费的过程和新颖进行分享，带动多元化消费的变化，不仅仅是自己消费，而是一系列消费享受调味的行为。

低钠消费健康调味，人们吸收的钠超量引起心血管疾病，这是当下低盐的趋势，低钠的摄入是调味品和调味的未来热点，如何做到少吃盐和少吃含盐量高的食品而仍然让食品调味极佳，这是调味的新任务也是消费者的新需求。健康的调味还存在科学消费辛辣味的调味，让味道健康动起来。高热量的调味越来越少，脂肪的食用科学化，不是越多越好。

5. **调味品销售的核心是消费者**

消费的核心是数据，如何做好调味品的销售也是在做数据，只有做好消费的数据才能做好调味品，资金、信息、物流、餐饮等都可成为消费调味品的数据表现。

三、调味消费链

1. **消费链的形成**

调味品不仅仅是消费，同时带来相关的消费生态链，调味品不再是专业生产，还需要深度去服务消费调味品的定制、体验、场景、互动等消费调味的价值分享。根据消费动向和趋势，来定向生产调味品的做法，既保证了调味品的刚需满足消费，又给消费的良性带动避免了过去的滞销存在。尤其是数据化供应消费链的存在，可以实现最大限度降低成本，更加优质地实现调味品的价值翻倍。

2. **生产消费链一体化**

调味品从生产到消费一体化，通过数据化、系统化、智能化来实现高品位的调味活动，调味品需求和消费的实时数据共享，打通消费的问题，解决一站式服务，实现调味的问题具体细化，执行跟踪调味品的所有消费都可以明朗化，不再有消费意见难以得到解决的困惑，消费体验顺畅如流。未来的消费调味品大数据还将实现调味需求的预测、历史消费数据、合作伙伴的数据、生产制造的激励数据、如何跟进和有计划的补货数据等形成完整的消费链一体化。电商销售调味品的丰富，将实现实时、准确的判断调味的趋势，形成整个消费链的协同效应。调味行为将不断促使生产和消费形成完整的生态链一体化，这样调味的价值才便于最合理化。

调味将带动所有有关的载体，带动无数产业健康发展，调味培训助推人人可以就业和创业，促使种养殖产业发展规模化、科学化、合理化，物联网消费的原料、服务、装备、食材一体化，调味实现餐饮的标杆，带动消费的样板，大数据定制化实现调味消费链。

根据消费的需求，洞悉消费的变化，沿袭传统的消费，创造新的调味品，满足越来越多的调味需求，实现消费认可的重复选择。

3. **顺势消费新需求打造新消费链**

移动用户就是消费者定位，对消费的细化和归类推广，没有消费者的类别可以判断，最大的消费典型带动就是手机使用和网络使用的最大消费群体定位，这也是共享性最大的平台，可以实现数亿信息的智能化传达的优化技巧，这是新的调味品个性化入手的新手段。这一销售趋势正在被一些网络渗透供应商发现，百度、腾讯纷纷加入调味的体验竞争也就不足为奇，因为有优势就自然价值不菲。

消费调味的健康需求对于调味品来说是不可违背的，利用健康因素来创新调味，形成新的消费链，带动新的调味需求。

四、消费如何改变调味

1. 消费的理念

个性化需求成为调味品的最大机会，消费的满足才是调味品增长的动力。个性化需求不断增加，不在于价格的高低而在于尝鲜的效果，如何吃好的年代改变了这个时代，消费的共鸣成为调味传递的新势力，分享调味的体验改变调味的价值立体化。奢侈需求的升级，理想生活的调味需求，消费需求细分增加，消费个性化不断丰富。

2. 消费的诉求与感受

美好调味的向往才是调味品的主要作用，美好味道的诉求才是调味的本意，也是人们对调味的消费诉求。调味实现消费的幸福感提高，享受幸福的调味才是调味品，让调味品满足消费的幸福就是调味的责任。

3. 消费的方式与意向

分享的消费方式不断蔓延，消费的立体化也不断出现在微电影、微广告、微故事等新的方式中，不仅仅是食用，还有场景分享和消费共鸣。

消费才是调味的关键，如何实现一个调味需求的刚需，满足消费者的内心才是好调味品。抓住消费需求的规律才能做好调味品。过去调味品的核心要素是生产，现在调味品的核心要素是消费，这是时代不同的新结构变化。消费调味品在消费中的地位，就是调味品被重复消费的关键，而不是价格的高低。单品类实现重复消费，特征性调味品独占商机，聚焦某个地区、某类人群、某个行业需求的专门服务的调味品，共享全消费的调味品，这就是未来调味品立足消费的四种方式。消费是根基，百花纷呈的调味品则是融通消费的纽带，寻求消费的方向，开放合作共享消费的增长红利，协调发展内外需求的趋势。新的消费发生变化，完全创新需求的新吃法，大思维共享美食美味，创业畅通无阻。引领消费的是人类智力的健康引导，健康的新时尚就是少吃药多吃健康，消费的健康也是必然趋势。没有重复消费的调味品，即便线上线下结合也会出现亏损，投入再大，收益也较少，入不敷出，销量惨淡，举步维艰，而消费者重复消费认可高的调味品则投入极少，销量则是几个人大于上百人的销售队伍，重复消费才是调味品被认可的根本，调味品要想获得快速增长，必须满足消费重复性。

4. 调味消费新时代

最贵的调味品在不断增长，不是过去可比价格的方式，常规的没有个性化的调味品则低价无法销售，超高定价往往让高学历、高收入、高工作压力的人们重复选择而成功，但是高性价比不一定能够实现重复消费，低价无未来。新时代的消费最大群体是如何定位，这一直困惑着调味品的生产企业，也困惑所有的销售人群，实际上最大的人群是手机族，围绕手机族下工夫必将实现高品质、高定位的调味品。新时代要敢于实践和质疑，敢于通过实践证明事实，亲自动手实现，不能活在经验之中，缺乏实践，改变调味事实的世界突破在于亲自实践，不做经验的囚徒，不做真理的奴隶，解决调味品的销售，要一层层剥开消费需求的表现，回归消费的本质，然后再从本质需求一层层解决调味需求，对于调味的消费行为大胆定位，小心去求证消费经过，突破对调味的认知，颠覆传统思维的创新，做到人性化服务高标准、个性化、重细节。基础需求的调味在减少，潜在的消费在提升，销售就是有关调味的消费沟通，营销就是为了说明调味的口碑，调味品就是品牌。

5. 调味品消费商

具有产生调味价值的能力和商业价值多元化，不断实现调味的多维价值，消费的同时还可以产生利润，以消费者为核心就能实现一定的利润分配，因为消费调味的体验，消费后产生购买。消费商不仅仅是调味品营销，更是一个全新的调味品消费链形成的机会，实现新的利润分配的规则，是一个零风险的、不需要投资的、稳定收益的商业主体，是一个轻资产的商业模式，是一种消费革命，是消费者参与利润分配的、新的、更加合理的消费分配利润方式。消费商的分享具有速度快、成本低、众人分配、合理高效新格局的特点。人人都是消费者，人人也是消费商，消费商业行为是必然趋势，新调味需求时代的新消费商，花本该花的钱，赚赚不到的利润，让消费商业行为分配利润合理化。

消费的共享拉动需求的调味升级，分享协作，创新消费，门槛极低，成本极小，速度极快，人人可以参与，千千万万人合理分配创新效益，解放消费关系，支付便捷的崭新时代，调味品渗透多个领域，实现和升级消费商的利益最大化。全新的消费商主体快速发展的渗透力，带动调味时代革新之优势：

①消费商给予的除了调味品还有因为调味产生的机会，是一个全新的个体营销行为。

②消费商实现花钱购买调味品以外，还可以实现赚到钱的全新利润分配规律。

③消费商不需要投资，风险为零，不需要管理。

④消费商不直接负责经营，没有经营压力，是一种自由的经营行为。

⑤消费的轻资产模式最佳化。

⑥消费商不受职业限制，任意性大。

⑦让消费者利润分配更加合理的消费革命。

⑧互联网时代的最佳主体消费体验，具有非常大的潜力。

⑨消费商对于所有的消费链上的利益体没有害，只有足够多的好处。

⑩消费商是从消费基层发出的需求的信息，是未来销售调味品颠覆的关键。

6. 传统调味消费不复存在

消费需求发生了巨大变化，物超所值已经没有了消费基础，转而是消费的需求带动，调味需求依然旺盛，消费的实际增长依然存在。健康调味需求明显，返璞归真的调味需求不断呈现，低盐需求升级，高营养定制趋势出现。新消费调味追求超幸福感，不再关心攀比而是超出额外支付的质量和品质，需求服务超过体验升级的综合体。新消费更加重视价值而不是品牌，应对消费的趋势成本已经不再重要，这将催生老一辈食品企业家的离开。灵活多变消费产生新吸引力，新的消费不断产生新需求，消费调味的机会越来越大，一些大企业将面临危机，中小企业创新机会增大。

7. 调味品消费新亮点

新时代消费，新需求崛起，小众化成为大众需要，边缘需求成为主流，爆品不复存在，小规模、小产品、小业态、小市场、小龙头、小品牌、小科技、小吃法不断让调味品催生新需求、新品牌、新用户、新渠道，让消费不仅仅是食物而是营养，更是体验的过程，正好可以实现调味品让吃到的营养成分等合理化。体验调味极致化，扫描包装上面的二维码即可实现傻瓜式调味，原料使用透明化，配方公开化，调味做菜更加新颖，享受做菜的满足感体验。调味品与菜的融合，满足消费的需求，二维码餐厅、体验过程呈现、半成品菜配套、食材基地支持、创业教学配套促进大多数消费者重复消费。消费的价格比较有优势，比自己购菜做菜更加容易，大大提高消费量，消费过程方便，不断产生新的需求，新的调味将不断激化活力，个性化、小众化、边缘化的调味也会成为新需求的主力。调味原料的公开，消费者参与调味，更加促进了调味价值的体验。微销售推广调味，不断升级消费体验，消费的重复不断得到执行，小众需求主导形成，老思路、落后市场思维、无创新、不懂得新需求的调味企业奄奄一息。

五、中国调味如何做到名正言顺

1. 不信不立，不诚不行

不忘初心源于儿时的教育：诚信、善良、守规则。现实中投机取巧赚昧良心的钱很容易，遵守秩序却寸步难行，这就导致很多调味品企业胡乱作为，不能重复消费的调味品利润越来越低，流通的速度两极分化，需要的超级快，滞销的超级慢，人们对调味品的意识加强，诚信就是调味品好坏的试金石。弄虚作假、跟风模仿、鱼目混珠、王婆卖瓜的一些不务实的调味品，实际上就是纸老虎，没有诚信，不愿意付出，只想挣快钱的思维不可能创造调味品的奇迹。某些企业总是只看见利益，忘掉社会责任，不守承诺，最终毁了一个企业，甚至还毁了一些企业家的健康和生命，尤其是调味服务的餐饮界，调味服务的其他机构也是如此，失去诚信调味则无方。形成调味的自律良性诚信体系，就是最大的调味机会，也是调味的暴利时代。

品牌调味品的造假依然存在。因为重复消费的概率较大，老百姓的辨别能力有限，市场上的假货依然存在，这阻碍了大多数调味品品牌的正常发展。抄袭成风，只注重表面现象，什么都可以做，什么都做不成，盗用他人的做法，不以为耻反以为荣，没有敬畏之心，缺乏大局，没有社会责任感，不以事实争高低，表面一套背后一套，长远发展是不可能的。

信用将给调味品发展带来越来越多的利益，诚信会成为带动行业发展的关键，这也是某些调味品企业发展蒸蒸日上的原因所在，内在的需求促使良性发展，生生不息。

2. 自主创新，减少山寨调味品

没有自创精神就没有任何一个赢家。没有自己的精神，没有独立思想，调味品创新沦落，直接影响调味品的形象和品牌发展根基，浪费大量的资源，不能获得社会的认可。很多传统的、极小品牌的调味，通过不断将传统做法沿袭而得到人们消费的认可。调味的价值不断增长，抄袭的发展不再有机会。

3. 弘扬调味传统文化，做有良知的中国人

调味的潜力在于消费的升级，调味的主要是满足未来人们的需求，不然就没有任何意义，颠覆性的科技让调味更加现实，满足越来越多的人，过去人们不相信无人调味，标准化的升级让无人调味胜有人，不但调味标准化，还将做到美味健康安全，一旦不跟进必将离开这个行业，如何跟得上消费的需求，也是现在大多数调味品企业处在困难中的原因之一。某些调味相关人士的不检点行

为、没有良知的行为、没有所谓的职业道德，不仅毁了自己还坑害了具有良知而意志不坚定的同行。

调味品经营好坏是消费的结果体现。酱的发展根源在中国，消费的历史也在中国，酱类在中国的消费基数也是世界第一，我们的市场消费需求是世界上最大的，不能盲目地看待，现在的味精水的成功也是不断标准化的结果，是全世界其他调味品没有做到的，所以我们的调味品是世界上最大的调味品。我国调味品将是世界调味品学习的榜样，而不是学习别人的调味品，我们的调味品使用的方法和技巧是世界上最丰富的，目前在美国的中国味道店面远远优于汉堡消费市场。味在中国，根在传统，所有调味的优势企业没有中国是没有未来的，没有中国调味品的国际调味品企业是失败的。

4. 理性化投机

资本不会为无用功买单，风投的收获也需要付出，因为资源的叠加是增值的趋势，不再是过去投机主义的年代。调味的载体被收购之后，生意惨淡，倒闭关门，如今的投机理性化不断出现在调味品行业，投资的机会不一定就能收益，但是投资一定会有机会，投机的每一分钱也不可能很顺利。

合肥本味园农业科技有限公司

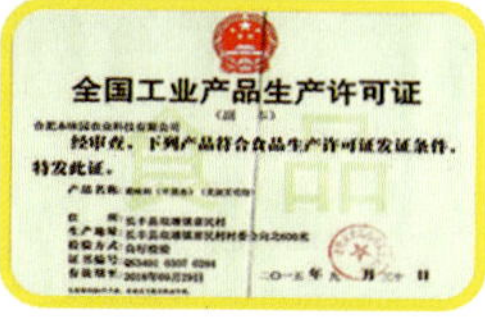

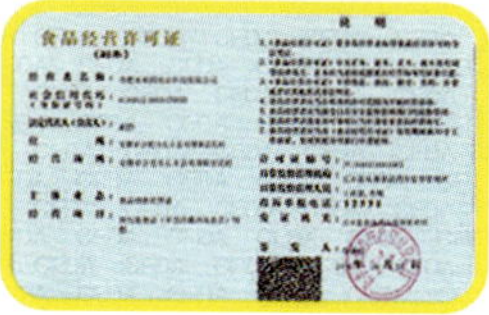

中国魔鬼辣椒特色

辣度：15万SHU(10级)（海南小米椒5.6万SHU，9级），高辣度，香味浓郁，籽粒少，果皮微皱有光泽。食用建议：调味调料，泡制加工。

产品及数量

鲜椒：2000吨/年，干椒：150吨/年

酱品系列（原味酱、牛肉酱、虾米酱、云耳酱、椒头酱、西红柿辣椒酱等）：1000吨/年

我们的优势

1. 品种总代理权，源头可控
2. 定单种植，全程技术督导
3. 产品全部回收加工，统一标准，稳定的数量和质量
4. 陶坛乳酸控盐发酵，释放辣椒中各种有效成分，小分子物质丰富
5. 新产品，市场细分龙头。

联系方法

胡静：15256581291